Alte Stühle aufarbeiten

Ernst Wilhelm

Alte Stühle aufarbeiten

Inhalt

Richtig aufarbeiten

Altes Handwerk
in neuem Gewand

Eine Zukunft für Möbel mit Geschichte

Alte Möbelstücke werden wieder geschätzt. Sicherlich wird ein hübscher Schrank oder ein Stuhl aus früheren Zeiten, ob auf dem Trödelmarkt angeboten oder beim Stöbern im Haus gefunden, auch Ihr Interesse wecken.

Der Kostenaufwand für eine professionelle Restaurierung ist allerdings mitunter so hoch, daß man die spontan gefaßte Zuneigung zum guten Stück schnell wieder verliert. – Doch es geht auch anders: Arbeitstechniken und Maschinenpark sind für Do-it-Yourselfer heute so ausgefeilt, daß man mit Heimwerken nicht nur Geld spart, sondern obendrein noch seinen Spaß daran hat.

Traditionspflege durch Heimwerken

Die Mühe lohnt sich, denn ein altes Möbelstück, ob als alte Handwerkskunst kontrastierend neuem Design gegenübergestellt oder harmonisch eingegliedert in ein bestehendes Wohnensemble, ist immer ein Blickfang. Wenn dem

Bedürfnis nach Traditionspflege noch die Neigung zu handwerklicher Tätigkeit entgegenkommt, sind Sie in einer idealen Ausgangsposition.

Natürlich nimmt die sorgfältige Überarbeitung eines Möbelstückes einige Zeit in Anspruch, aber diese Investition ist für eine anregende

Die handwerklichen Fertigkeiten für das Aufarbeiten eines alten Möbelstückes kann man sich aneignen

Altgedient und „auferstanden" – ein zeitlos schönes

Stück, das seinem Besitzer wieder Freude macht

7

Der Restaurator hat es schwerer

Die Aufgabe, ein Möbelstück originalgetreu wiederherzustellen, ist für einen Restaurator mit erheblich mehr Mühe verbunden als eine Art Generalüberholung, die wir Aufarbeitung nennen.
Bei strenger Auslegung der Grundsätze für Restaurierungen müssen außer den vergleichbaren Materialien aus der Entstehungszeit der Objekte auch die seinerzeit üblichen Arbeitstechniken eingesetzt werden. Restauratoren befassen sich überdies – soweit nachvollziehbar – mit der individuellen Geschichte des Möbelstückes und versuchen, möglichst viel Originalsubstanz sowie die typischen Alterungserscheinungen (Patina) zu erhalten.

Echtes Restaurieren setzt die Erfahrungen eines Fachmannes voraus — aufarbeiten kann auch ein Heimwerker

und nützliche Freizeitbeschäftigung gut angelegt. Allerdings setzt sie einige Kenntnisse über den Umgang mit Holz und über die entsprechenden Werkzeuge voraus.

Ästhetische Formgebung und gediegene Handarbeit bis ins Detail zeichnen Stühle aus, die noch nicht vom Fließband gekommen sind

Restaurieren muß der Fachmann

Wir möchten Ihnen zeigen, wie man Schäden an alten Stühlen beheben kann. Sie erhalten Informationen über Materialien, Werkzeuge sowie Arbeitsabläufe und dazu Anregungen, wie sich knifflige Probleme meistern lassen.
Wir wollen das Möbelstück nicht in dem Sinne restaurieren, daß schließlich eine professionell originalgetreue Rekonstruktion eines historischen Vorbildes dabei herauskommt.

Was heißt „aufarbeiten"?

Mit „aufarbeiten" ist vielmehr die Wiederherstellung eines alten Möbelstückes, zum Beispiel aus dem Familienerbe, mit den Möglichkeiten und Fähigkeiten des Heimwerkers gemeint. Echte Wertgegenstände gehören natürlich in die Werkstatt des Fachmannes. Hier geht es um Stühle, bei denen hohe Restaurierungskosten nicht gerechtfertigt wären, die andererseits aber viel zu schade für ein Schattendasein im Keller oder auf dem Dachboden sind. Sicherlich ist es nicht verkehrt, die grundlegenden Restaurierungsregeln zu beachten. Ihrer Phantasie müssen Sie deshalb aber nicht unbedingt Zügel anlegen.

stammt. Wenn mit einem alten Familienerbstück nicht nur Geschichte, sondern auch Geschichten verbunden sind, dann wird sich der Entstehungszeitraum abschätzen lassen.

Bei einem mehr zufällig aufgefundenen oder erworbenen Stück scheiden solche Datierungshilfen leider aus.

In derart „fragwürdigen" Fällen kann Ihnen ein Antiquar am ehesten eine einigermaßen sichere Antwort geben. Die Entstehung eines alten Möbelstückes kann zeitlich – je nach Dauer der zugehörigen Stilepoche – nur innerhalb mehr oder minder großer Grenzen taxiert werden. Überdies ist mit re-

So ähnlich könnten Sie Ihr künftiges Prachtstück vorgefunden haben: Stuhlmodell,

gebaut um 1860, mit Behelfsreparaturen und einigen Schrammen und Holzrissen

Holen Sie bei erheblichen Mängeln den Rat eines Fachmannes ein (Restaurator, Antiquar, Schreiner)

Schöpfen Sie alle Informationsquellen aus: Studieren hilft beim Probieren

Wenn Sie für den aufzuarbeitenden Stuhl schon einen festen Platz vorausbestimmt haben und Ihnen die Veränderung des Originalzustandes, etwa ein abweichender Farbton, wünschenswert erscheint, dann brauchen Sie sich davon nicht abhalten zu lassen. Im Zweifelsfall wird ein Antiquar darüber Auskunft geben, ob das anstehende Objekt eine fachgerechte Behandlung verdient.

Altersbestimmung

Vermutlich werden Sie gerne wissen wollen, welcher Zeit und Stilrichtung Ihr Möbelstück ent-

Stuhlmodell, gebaut um 1880, mit den zeitgemäßen Drechsel- und Schnitzarbeiten.

An den Hinterstollen fehlen die Kugelaufsätze, das Flechtwerk ist vorn durchgebrochen

Restauratoren ist eine solche Methode tabu. Dem „Aufarbeiter" dagegen steht es frei, gegebenenfalls ein altes Möbel auf diese Weise zu ergänzen.

Diese Lösung sollten Sie auf jeden Fall in Erwägung ziehen. Es kann sich durchaus lohnen, beim Vorhandensein mehrerer Stühle einen davon zu opfern, um gravierende Schäden an den übrigen auf sehr einfache Weise und mit dem bestmöglichen Ergebnis zu beheben.

Objekte zum Ausschlachten, möglichst gleiche Modelle, erleichtern die Arbeit

Stuhlmodell, gebaut um 1910, dem die Zeit und

unzweckmäßiger Gebrauch stark zugesetzt haben

gional ausgeprägten Zeitverschiebungen bei gleichen Bauweisen zu rechnen.

Nachahmungen und Möbelhochzeiten

Beim Kauf sehr exklusiver Stücke ist Vorsicht geboten. Sie werden teuer gehandelt, und deshalb versuchen sich Fälscher an Nachahmungen.

Auf eine Spezialität auf dem Gebrauchtmöbelmarkt möchten wir Sie hinweisen: die sogenannten Möbelhochzeiten. Da werden paßfähige Bauteile alter Möbel untereinander kombiniert. Für

Erste Hilfe: Antiquar, Restaurator, Museum

Aber ganz gleich, ob es nun um Wiederherstellungsprobleme geht oder um Datierungsfragen, eine gute Anlaufstelle ist immer ein Antiquar, ein Möbelschreiner oder gar ein Restaurator. Auch wenn Sie nicht immer mit offenen Armen empfangen werden, weil sich nicht jeder Handwerksmeister gerne über die Schulter schauen läßt, einen Versuch ist es allemal wert.

Auch Museen sind bestens geeignet, um sich durch deren zumeist vorbildlichen Anschauungsunterricht und durch Nachfragen sachkundig zu machen. Erwähnenswert für ganz Neugierige sind die Fachpublikationen und Spezialkataloge für Antiquitäten, die dem Einsteiger die gezielte Suche nach Problemlösungen ermöglichen und wertvolle Anregungen geben.

2

Schadensaufnahme und Arbeitsvorbereitung

Die häufigsten Mängel

Schadensbilder alter Stühle

Stühle zählen zu den Gestellmöbeln. Sie sind gekennzeichnet durch ein skelettartiges Gerüst, dessen tragende Bestandteile Stollen, Beine und Zargen sind. Die Vollholzteile von relativ kleinem Querschnitt und die damit aufgebauten Holzverbindungen müssen selbst bei normalem Gebrauch hohen Biege-, Scher- und Torsionskräften standhalten.

Der Aufbau eines Stuhles und seiner Einzelteile ist leicht überschaubar. Auch sein Zustand läßt sich, abgesehen von verborgenen Schäden im Inneren des Holzes (zum Beispiel durch Insektenbefall oder Fäulnis), im allgemeinen recht gut einschätzen.

Die Einzelteile eines Stuhles

Die drei grundsätzlichen Baugruppen eines Stuhlgestells sind
● die Gabel, mit Hinterfüßen, Hinterzarge und Riegel (Querstrebe zwischen den Hinterfüßen oberhalb der Sitzfläche),
● der Bock, mit Vorderfüßen, Vorder- und Seitenzargen sowie

Stegleisten (Querstreben zwischen den Füßen) und schließlich
● der Sitzrahmen, der auf dem Bock und der Hinterzarge der Gabel aufliegt.

Die Gabel wird im Bereich der Rückenlehne an den oberen Enden der Hinterfüße ergänzt und abgeschlossen durch eine Querverstrebung, das Lehnenkopfstück. Es ist bei älteren Stühlen oft kunstvoll

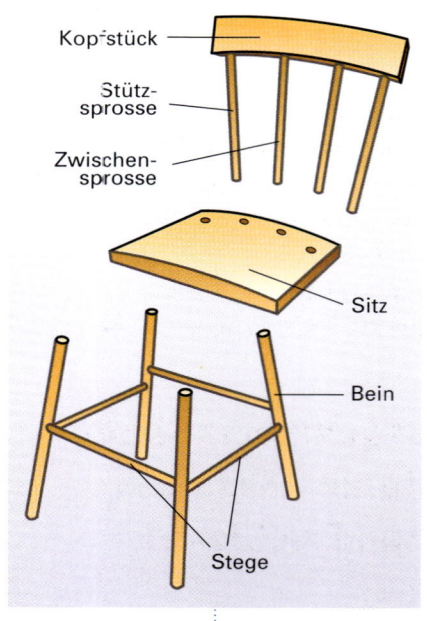

Kopfstück

Stütz-sprosse

Zwischen-sprosse

Sitz

Bein

Stege

Der Brettstuhl, die einfachste und älteste Form einer komfortablen Sitzgelegenheit

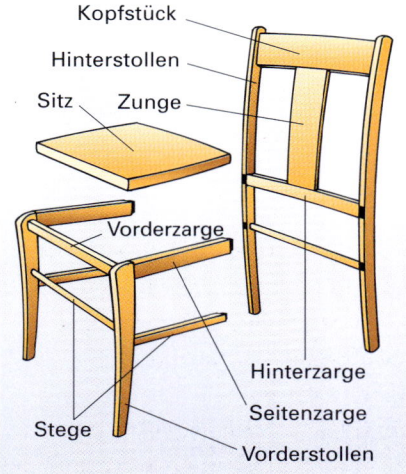

Kopfstück
Hinterstollen
Sitz   Zunge
Vorderzarge
Hinterzarge
Seitenzarge
Stege
Vorderstollen

Der Zargenstuhl: die heute gebräuchlichste Form. Nicht nur die Formgebung, auch die

nicht sichtbaren konstruktiven Elemente, die Holzverbindungen, sind variantenreich

mit Schnitzereien und Zierelementen ausgestaltet. Üblicherweise sind die aufgeführten elementaren Bestandteile eines Stuhlgestells, das bisweilen mit zusätzlichem, festigendem und schmückendem Beiwerk ausgestattet ist, verleimt. Konstruktionen mit lösbaren Verbindungen sind fast ausschließlich auf rustikale Modelle beschränkt.

Bequemeres Sitzen durch Polsterung und Flechtwerk

Das Gestell ist der Grundstock eines Sitzmöbels. Weil die Menschen von jeher Bequemlichkeit zu schätzen

wußten, sind – abgesehen von den einfachen Brettstühlen – Sitzflächen und Rückenlehnen schon seit langem mit Polsterungen oder Rohrgeflechten versehen worden. Bei reparaturbedürftigen Stühlen sind diese Ausstattungen fast immer beschädigt oder zeigen zumindest starke Abnutzungserscheinungen.

Was geht wodurch kaputt?

Eine günstige Ausgangsposition haben Sie, wenn sich ein weitgehend erhaltengebliebener Stuhl rein äußerlich durch die Ausbesserung unerheblicher Schäden und eine anschließende Oberflächenbehandlung wieder so gut aufpolieren läßt, daß Ihnen eine Generalreparatur erspart bleibt. Das ist aber eher die Ausnahme. Gewöhnlich hat man mit gravierenden Mängeln zu rechnen, die

● auf den Gebrauch,
● auf die Lagerung und
● auf unsachgemäß ausgeführte Reparaturen sowie Umbauarbeiten zurückgehen.
Die Folge sind:
● lose oder gelockerte Verbindungsstellen,
● beschädigte Bauteile, bei denen man sich möglicherweise mit einer Ausbesserung begnügen kann,
● kaputte Bauteile, teils wiederverwendbar, teils erneuerungsbedürftig,

Außer mit Holz werden Sie auch mit anderen Materialien zu tun haben

Auch vorausgegangene „Reparaturen" hinterlassen mitunter nachhaltige Spuren

① Bei alten Möbeln oft anzutreffen, aber nur selten ein Aus für die Aufarbeitung: Holzwurmschäden

② Ein gefährlicher Feind des Holzes, dem nur mit einer Radikalkur – nämlich Absägen bis zum gesunden Bestand – beizukommen ist: Fäule

③ Teils unabwendbare Eigenschaft des Holzes, teils Folge unzuträglicher äußerer Einflüsse (Feuchte und Temperatur): Rißbildungen

④ Durch Rißbildung begünstigte, durch Gewalteinwirkung eingetretene Zerstörung: geborstener Steg

⑤ Dieser Frevel ist nicht einmal besonders haltbar: verschraubte Bruchstelle

● fehlende Bestandteile, die ersetzt werden müssen.

Inventur

Erfassen Sie zuerst alle sichtbaren funktionellen und ästhetischen Schäden in einer Liste. Daraufhin werden bei einer Festigkeitsprüfung des Gestells und seiner einzelnen Bestandteile und Verbindungsstellen die gewöhnlichen Belastungen in angemessener Weise, also im Rahmen des Zumutbaren, über-

Eine gelockerte Leimfuge erhöht die Belastung der übrigen Verbindungsstellen

schritten. Vergewissern Sie sich während dieser Prüfung bei jeder einzelnen Fuge, ob sie der Beanspruchung standhält oder bereits Anzeichen einer Lockerung erkennen läßt.

Eine lockere Verbindungsstelle hat zur Folge, daß die übrigen Verbindungsstellen um so höheren Belastungen ausgesetzt sind. Dadurch kann eine regelrechte Kettenreaktion einsetzen. Sie müssen davon ausgehen, daß bei Stühlen im Ge-

⑥ Selten durch Materialermü-
dung, fast aus-
schließlich durch
übermäßige
Belastung (Stuhl-
sitz als Trittbrett)
hervorgerufen:
gerissenes
Flechtwerk

⑦ Sorgfältig
eingepaßt und
dennoch fehl am
Platz: Hartfaser-
Sitzauflage an-
stelle des Flecht-
werkes

⑧ Eine Behelfs-
reparatur, die
auf dem Gestell
unliebsame Spu-
ren hinterläßt:
aufgenagelter
Einlegesitz

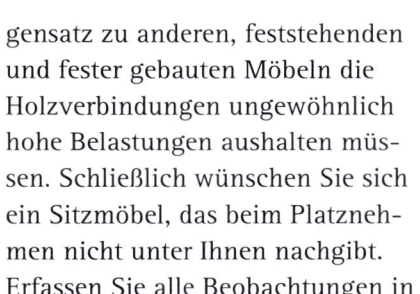

einem Protokoll, nach dem Sie sich einen Ablaufplan für die Reihenfolge der notwendigen Arbeiten aufstellen.

Schwachpunkte: Polsterung und Flechtwerk

Bei älteren Stühlen mit Polsterung oder Flechtwerk sind die Sitzflächen, mitunter auch die gleichartig ausgestatteten Rückenlehnen, zumeist so stark verschlissen, daß eine Ausbesserung nur ganz selten möglich ist. Arbeiten in diesem Bereich erfordern einige Fingerfertigkeiten, die man sich aber durch entsprechende Übung aneignen kann.

Arbeiten, die
Sie eventuell in
Auftrag geben
können

gensatz zu anderen, feststehenden und fester gebauten Möbeln die Holzverbindungen ungewöhnlich hohe Belastungen aushalten müssen. Schließlich wünschen Sie sich ein Sitzmöbel, das beim Platznehmen nicht unter Ihnen nachgibt. Erfassen Sie alle Beobachtungen in

Schätzen Sie
Möglichkeiten für
die spätere Ober-
flächenbehand-
lung anhand
vergleichbarer
Objekte ein

Die Oberflächen —
eine Pflichtübung

Während sich die Arbeiten am Gestell vom Umfang her sehr unterschiedlich gestalten können, werden Sie um eine gründliche Oberflächenbehandlung nicht herumkommen. Da gibt es Druckstellen und Kratzer, verschrammte Kanten und abgestoßene Ecken oder Wurmbefall.

Diese Arbeiten verlangen besondere Sorgfalt, weil sie das Erscheinungsbild des Möbels hervorheben oder – wenn dadurch sein Wert unterschätzt wird – auch beeinträchtigen können. Außerdem kann man eine falsche Oberflächenbehandlung, beispielsweise mit einer zu stark nachdunkelnden Beize, kaum mehr oder nur sehr aufwendig korrigieren.

Vorgefertigte
Drechselteile für
die Ergänzung
beschädigter Mö-
bel werden in
vielerlei Formen
vom Fachhandel
vertrieben

Für Spezialisten:
Schnitzen und Drechseln

Kritisch wird es bei schmückendem Beiwerk wie Schnitzereien, gedrechselten Bauteilen oder Intarsien. Sofern Sie hinreichende handwerkliche Erfahrungen noch nicht gesammelt haben oder die notwendigen Werkzeuge nicht

besitzen, suchen Sie am besten nach einfacheren Lösungen.

Für den fortgeschrittenen Heimwerker ist diese Aufgabe eine echte Herausforderung.

Bei den behelfsmäßigen Drechselvorrichtungen, die zum Teil sehr preiswert zu haben sind, sollten Sie allerdings Vorsicht walten lassen. Da Sie es mit Hartholz, mit schnell rotierenden Werkstücken und entsprechenden physikalischen Kräften zu tun haben, setzt diese Form der Holzbearbeitung gute Materialkenntnisse voraus.

Da fährt man allemal besser, wenn die beim Aufarbeiten benötigten Teile für Ergänzungen als grob vorgefertigte Rohlinge über den Fachhandel bezogen und eventuell noch nachbearbeitet werden.

Das Schnitzen ist eine zwar weniger gefährliche, dafür um so mühsamere Verrichtung. Andererseits halten sich die dafür benötigten Schnitzmesser von den Anschaffungskosten her gesehen in erträglichen Grenzen, so daß nichts gegen einen Versuch spricht. Die Messergarnituren enthalten eine Reihe unterschiedlich zugeschliffener Stähle, die sich für verschiedene Bearbeitungsformen eignen, je nach beabsichtigtem Materialabtrag.

Bevor es losgeht

Wenn Sie sich einen Überblick über die Blessuren Ihres „Pfleglings" verschafft haben, sollten Sie überlegen, welche Schäden beim Aufarbeiten auf welche Weise und in welchem Umfang berücksichtigt werden müssen.

Genaue Vorstellungen vom Ziel

Machen Sie sich, ausgehend vom aktuellen Erscheinungsbild, eine möglichst genaue Vorstellung vom Endzustand, auf den Sie hinarbeiten. Der zu erwartende Aufwand hängt nicht nur vom Stuhlmodell und dessen Zustand ab. Er wird auch dadurch bestimmt, inwieweit Sie den Gebrauchsgegenstand zu einem „Vorzeigestück" aufwerten wollen.

Den Reiz des Alten erhalten

Bei alten Möbelstücken wird die Ästhetik immer eine maßgebliche Rolle spielen. Gegenüber unseren modernen Möbeln sind Sie mit einem größeren, oft beeindruckenden

Reichtum an Details ausgestattet. Mitunter sind es gerade diese Verzierungen, z. B. schlichte Schnitzereien, oder aber schwungvolle Formen, die den besonderen Reiz der Veteranen ausmachen.

Darum ist es empfehlenswert, den ursprünglichen Zustand so weit als möglich wiederherzustellen. Schwierigkeiten bei der Materialbeschaffung oder bei der Materialbearbeitung werden sich indessen nicht ganz ausschließen lassen. Wenn Sie beispielsweise keine Drechselbank haben, müssen Sie mit geringerer handwerklicher Perfektion vorliebnehmen.

Den alten Stuhl aufarbeiten mit dem neuen vor Augen

Stabilität nicht locker sehen

Abstriche an der Optik lassen sich verschmerzen. Bei der Funktionalität hingegen sollten Sie keine Konzessionen machen. Alles Wacklige oder Brüchige muß wieder fest und stabil gefügt werden. Scheuen Sie also nicht davor zurück, lädierte Verbindungen zu lösen und das gute Stück teilweise oder ganz zu zerlegen, wenn mit Nachbesserungen nichts auszurichten ist. Andererseits sollten Sie des vermeintlich Guten nicht zuviel tun. Belassen Sie alles beim alten, was sich nach eingehender Prüfung als haltbar herausstellt.

Zerlegen sollten Sie möglichst vermeiden, im Zweifelsfall jedoch nicht umgehen

Prüfen, Erfassen, Systematisieren

Ist der Zustand analysiert, werden die Arbeitsschritte organisiert

An folgenden Grundregeln kann man sich bei der Vorbereitung des Aufarbeitens orientieren:
- den Zustand des Objektes hinsichtlich aller Bestandteile gründlich überprüfen,
- die zur Wiederherstellung von Optik und Funktion notwendigen Arbeiten sorgfältig erfassen,
- den schrittweisen Ablauf des Aufarbeitens systematisch aufgliedern.

Bevor Sie zur Praxis kommen, sollten Sie an Hand einer Material- und Werkzeugliste alles beschaffen, was noch fehlt.

Immer beachten: Arbeitssicherheit

Der Umgang mit Werkzeugen, deren scharfe Schneiden und spitze Zähne bei Unachtsamkeit leicht zu Verletzungen führen, und der Einsatz von gesundheitsschädigenden oder leicht entzündlichen Arbeitsmitteln verlangt Umsicht bei der Arbeit. Räumen Sie Ihren Arbeitsplatz auf! Werkzeuge müssen von einwandfreier Beschaffenheit sein, sie dürfen nicht zweckentfremdet und ohne die zugehörigen Schutzvorrichtungen eingesetzt werden.
Verwahren Sie Chemikalien und Werkzeuge so, daß sie für Kinder nicht erreichbar sind.

Für den Umgang mit gesundheitsschädigenden Chemikalien und beim Schleifen von Werkzeugen und von Holzoberflächen sollten Schutzbrille und Gummihandschuhe sowie Atemschutzmasken bereitliegen

Materialengpässe? — Gewußt wo!

Um die Suche nach speziellen Produkten abzukürzen, fragen Sie am besten bei einem Schreiner oder Restaurator nach. Nicht jeder Bau- und Heimwerkermarkt ist auf alles eingerichtet.

Ausgefallenere Materialien wie Stuhlflechtrohre oder Pigmente und Wachse zur Oberflächenbehandlung sind nicht allerorts zu haben. Bei solchen Spezialwerkstoffen müssen Sie sich über den Versandhandel versorgen. Firmennachweise und Produktangebote sind auch im Inseratenteil der meisten Hobby- und Heimwerkermagazine zu finden.

Arbeitsplatz

Eine geräumige Hobbywerkstatt wäre natürlich der ideale Platz für unser Vorhaben. Zumindest brauchen Sie einen ruhigen Winkel, in den Sie sich mit Arbeitsobjekt und Werkzeug für einige Zeit ungestört zurückziehen können. Nichts vermindert die Lust an der Arbeit mehr als ständiges Aus- und Einräumen.

Spüren Sie Lieferanten in Ortsnähe auf, wenn Sie Spezialprodukte benötigen

Damit die Muße nicht verlorengeht: ein ruhiger Arbeitsplatz

3

Holz

Idealer Werkstoff für Möbel

Natürlicher Rohstoff mit Qualitäten und Tücken

Holz hat neben seinen Vorzügen – gute Bearbeitbarkeit, hohe Festigkeit, gute Elastizität – leider auch eine sehr unangenehme Eigenschaft: „es arbeitet", wie der Fachmann sagt. Diese Eigenschaft muß bei der Auswahl des Rohmaterials und bei der Verarbeitung immer berücksichtigt werden.

Der Baum ist tot, das Holz „lebt" weiter

Mit dem Fällen eines Baumes wird zwar plötzlich der Wachstumsprozeß unterbrochen, das Holz indessen wird dadurch nicht zum unveränderlichen Material. Selbst sehr altes Holz verändert noch seine Form in den drei natürlichen Wachstumsrichtungen:
● in der Längs- beziehungsweise Faserrichtung (Stammlänge),
● in radialer Richtung (Stammdurchmesser) und
● in tangentialer Richtung (senkrecht zum Durchmesser, parallel zu den Jahresringen),
wenn sich durch äußere Einflüsse der Feuchtegehalt ändert.

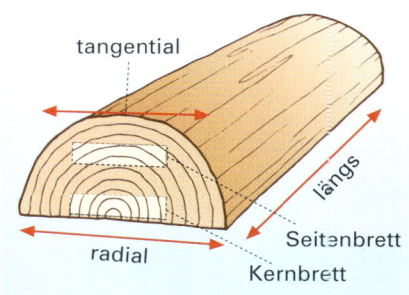

In den drei Wachstumsrichtungen eines Baumes: längs (des Stammes), radial (vom Kern nach außen) und tangential (zu den Jahresringen) treten nach dem Holzeinschlag bei wechselndem Feuchtegehalt unterschiedliche Quell- und Schwindmaße auf

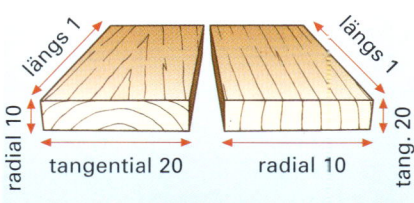

(Verhältniszahlen 1 : 10 : 20)

In Faserrichtung sind Längenänderungen infolge Quellens und Schwindens unerheblich, in radialer und vor allem in tangentialer Richtung (bezogen auf die Jahresringe) sehr viel größer

Holz kommt nie zur Ruhe, es „arbeitet"

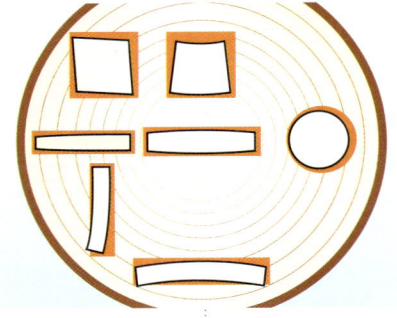

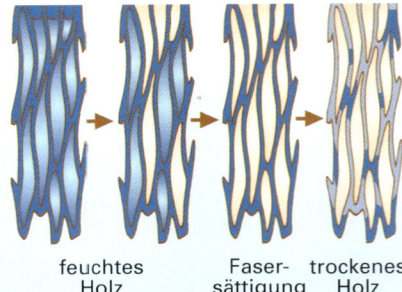

feuchtes Holz   Faser-sättigung   trockenes Holz

Wechselnde Feuchte hält das Holz in Bewegung

Unterschiedliches Quell- und Schwindverhalten hängt nicht allein von der Wachs-

tumsrichtung ab, sondern auch von der Wachstumszone, aus der das Holz stammt

Holz steht im ständigen Feuchteaustausch mit der Umgebung, bei Wasserabgabe

schrumpfen die Zellen, bei Feuchteaufnahme quellen die Zellen auf

---

Ist es zuvor sehr feucht, so zieht es sich mit zunehmender Trocknung zusammen (Schwinden), nimmt es Feuchtigkeit auf, dehnt das Holz sich aus (Quellen). Diese Prozesse haben in jeder der drei Wachstumsrichtungen unterschiedliche Auswirkungen. Während in Faserrichtung nur unerhebliche Formänderungen eintreten, belaufen sich die radialen und tangentialen Schwundmaße im Verhältnis 1 zu 2 auf mehrere Prozent.

Frisches Holz hat zuviel Wasser

Holz wird durch natürliche und künstliche Trocknung gebrauchsfähig gemacht

Frisch geschlagenes Holz hat, bezogen auf das wasserfreie Trockengewicht (Darrgewicht), einen Feuchtegehalt von bis zu 150 Prozent. Um sich von dieser seltsam erscheinenden Zahl ein Bild zu machen, stelle man sich die Zellstruk-

tur des Holzes etwa wie Bienenwaben vor. Das zunächst aus dem Inneren der Zellen (den „Bienenwaben-Hohlräumen") verdunstende Wasser ruft noch keine Volumenänderungen hervor. Wird jedoch während des natürlichen oder künstlich beschleunigten Trocknungsvorganges der sogenannte

Holz/Darrgewicht   Wasseranteil im Rohholz   bei Fasersättigung   in trockenem Holz

100%   150%   ca. 30%   unter 12%

Frisch geschlagenes Holz hat einen hohen Feuchtegehalt (Buche und Eiche bis 110 %, Fichte sogar bis 150 %, bezogen

auf das Trocken- oder Darrgewicht). Bei Gebrauchsholz muß der Wasseranteil unter 12 % liegen

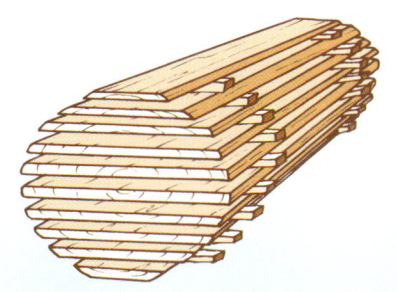

Trocknungsverfahren und Restfeuchte sind bestimmend für die Qualität des Holzes. Die beste | Methode ist die hinreichend lange Ablagerung der eingeschnittenen Stämme im Freien

Fasersättigungswert (zwischen 23 und 35 Prozent, je nach Holzart) unterschritten, so tritt auch das in den Zellwänden (den „Bienenwaben-Wänden") gebundene Wasser aus, und das Holz beginnt zu schwinden.

In zentralgeheizten Räumen kann dieser Feuchtegehalt bis auf 6 Prozent absinken. Wenn also beim Aufarbeiten Massivholzteile ersetzt werden sollen, dann muß das Ausgangsmaterial nicht nur gut luftgetrocknet, sondern auch noch einige Zeit in einem geschlossenen und hinreichend beheizten Raum abgelagert worden sein.

Schreinerholz muß trocken sein

Genaue Zeiträume dafür, wann ein ausreichender Trocknungsgrad für die Verarbeitung erreicht ist, lassen sich nicht angeben. Denn unterschiedliche Hölzer haben verschiedene Trocknungszeiten, auf die natürlich auch der Materialquerschnitt einen Einfluß hat.

Möbelschreiner bewahren ihre Vorräte vor der Verarbeitung bis zu mehreren Monaten (und länger) auf.

Die ausreichende Trockenheit des Holzes ist zwar der weitaus wichtigste, aber nur einer der Faktoren, die bei der Auswahl und beim Einsatz dieses Materials zu berücksichtigen sind.

Oberflächenbilder

Die Qualität der Verarbeitung und das Aussehen eines Möbelstückes hängen auch ab vom fehlerfreien Wuchs und vom möglichst guten Angleich der Ersatzstücke an Farbe und Textur (Zeichnung) des Originals.

Unter Textur versteht man die optische Oberflächenbeschaffenheit eines Stammlängsschnittes im weitesten Sinne, einschließlich der weiter differenzierenden Fachausdrücke wie Maserung, Zeichnung oder Struktur, allesamt Begriffe, die für die natürlichen Wachstumsmerkmale einer Holzart stehen, zum Beispiel für den Zellcharakter, den Faser- und Jahresringeverlauf sowie die Porengröße und Porendichte.

Schlichte Texturen zeigen weitgehend homogene, höchstens leicht gesprenkelte Holzoberflächen mit blassen Jahresringen (Buche)

Gestreifte Texturen zeigen — bei entsprechender Schnittrichtung — die Holzarten mit farblich ausgeprägten Jahresringen (Esche)

Gefladerte Texturen gehen auch auf eine farblich differenzierte Holzstruktur zurück (Eiche)

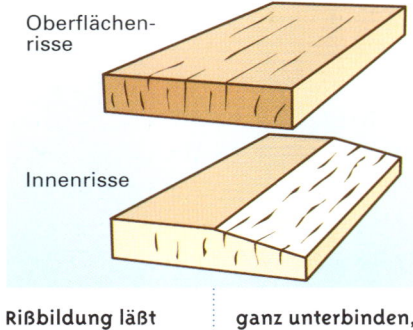

Oberflächenrisse

Innenrisse

Rißbildung läßt sich bei Holz – insbesondere an der Oberfläche – nicht

ganz unterbinden, aber durch schonende Trocknung eindämmen

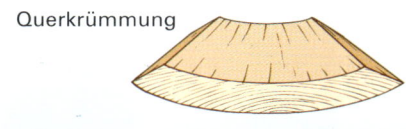

Querkrümmung

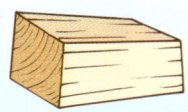

Rautenförmige Verwerfung eines quadratischen Querschnittes

Außerhalb des Kernbereichs ist je nach Wachstumszone beim Quellen

und Schwinden mit Querschnittsveränderungen zu rechnen

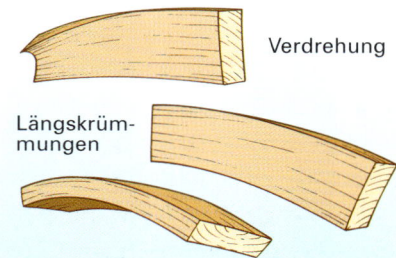

Verdrehung

Längskrümmungen

Formänderungen zugeschnittener Hölzer treten längs beziehungsweise auch quer zur Faserrichtung auf,

besonders dann, wenn bereits der Stamm wachstumsbedingte Spannungen aufwies

Holzkauf ist Vertrauenssache

Wer mit Holz nicht hinreichend vertraut ist, wird beim Einkauf vor dem gleichen Problem stehen wie ein Gebrauchtwagenkäufer. Wer hat schon ohne die tägliche Übung den richtigen Blick etwa für einen Sprödbruch. Er kann entstehen beim harten Aufprall eines Stammes auf den Boden und hinterläßt im Holz feine dunkle Linien quer zur Faserrichtung.

Solches Holz ist zwar auch noch verwertbar, aber nur ober- und unterhalb der Fehlstelle, weil der Rißansatz natürlich bruchgefährdet ist.

Weitere, mehr oder weniger deutlich erkennbare Holzfehler, die Ihre Arbeit beeinträchtigen könnten, sind

● Risse,
● Verwerfungen,
● Äste und Rindeneinschlüsse.

Risse, die nicht allein am Hirnholz (Stammquerschnitt) und an der Oberfläche, sondern auch im Inneren auftreten, gehen zumeist auf einen zu schnellen (künstlichen) Trocknungsprozeß zurück. Verwerfungen haben ihre Ursache in ungewöhnlichen Wachstumsbedingungen und -formen des Holzes oder werden durch schlechte Lagerung hervorgerufen.

Während derartige qualitätsmindernde Holzfehler bisweilen

erst durch die Bearbeitung zutage treten, können andere kaufentscheidende Kriterien leicht ausgemacht werden. Dazu gehört die Beurteilung des Schnittverfahrens.

Einschnittarten

Die gefällten Stämme werden im Sägewerk zu Rauhware aufgearbeitet. Beim Einfach- oder Fladerschnitt (auch Tangential- oder Sehnenschnitt genannt) werden die Stämme parallel zum Durchmesser zu Brettern oder Bohlen aufgesägt. Das ist zwar die wirtschaftlichste, aber aus der Sicht des Schreiners keineswegs die vorteilhafteste Aufbereitungsform.

Wertvolleres Material entsteht durch den Quartierschnitt (auch Radial- oder Spiegelschnitt genannt), bei dem der Stamm „radspeichenartig" aufgesägt wird. Bei dieser Schnittorientierung von der Stammachse zum Umfang hin weisen die Bretter sogenannte stehende Jahresringe auf (die Jahresringe stehen senkrecht auf den Breitseiten des Querschnittes). Holz aus dem Quartierschnitt ist weniger problematisch hinsichtlich Schwund und Verwerfung, es zeichnet sich durch höhere Widerstandsfähigkeit gegen Abrieb und Druck aus und besitzt eindrucksvolle Maserungen aufgrund der Schnittebene parallel zu den Jahresringen.

Kernholz und Splintholz

Die guten, radial gesägten Hölzer wiederum haben auch bessere oder schlechtere Eigenschaften, je nachdem, ob sie aus einem äußeren oder aus einem weiter innen gelegenen Bereich des Stammes herausgesägt wurden. Die außenliegende Zone wird vom weicheren, beim Fällen des Baumes noch im Wachstum begriffenen, zumeist auch hellerem Splintholz gebildet. Es ist für Schädlingsbefall weitaus anfälliger als das festere Kernholz. Im Stamminneren bildet sich das Kernholz heraus, dessen Aufgabe sich von der Wachstumsfunktion hin zur Stützfunktion verlagert. Kernholz ist für Schreinerarbeiten am besten geeignet. Es ist wesentlich fester als das Splintholz und von dunklerer Färbung.

Das Holz, aus dem die Stühle sind

Stühle werden aus Nadel- und Laubhölzern hergestellt. Für die einfacheren Brettstühle verwendet man überwiegend die billigeren Nadelhölzer wie Kiefer, Fichte und Tanne. Material für hochwertige Möbelstücke liefern fast ausschließlich Laubbäume. Das sind: in erster Linie die Buche, vielfach auch Esche und Birke, und – vor allem bei älteren Möbelstücken – Kirsche und Nußbaum.

Weitere Holzarten, aus denen früher Stühle bevorzugt gefertigt worden sind: Birke, Kirsch- und Nußbaum sowie Palisander (von oben nach unten)

4

Werkzeuge

Sägen, stemmen und schleifen

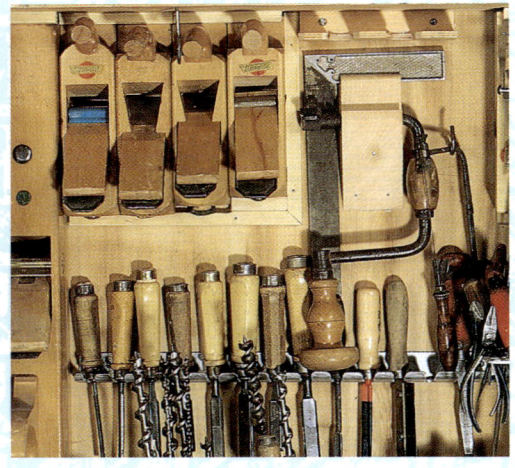

Von Hand und mit Maschinen

M it dem Hobel, dem Parade-
werkzeug des Schreiners,
müssen Sie sich bei der
Aufarbeitung alter Stühle nicht unbedingt anfreunden. Denn es verlangt einige Übung, um ihn mit be-
friedigendem Erfolg einzusetzen.
Unverzichtbar hingegen ist eine
Werkbank. Es muß nicht unbedingt
eine Hobelbank sein, aber zumindest eine stabile und standfeste
Vorrichtung, in der ein Werkstück
fest eingespannt und bearbeitet
werden kann.

Ein transportabler
Werkzeugschrank
ist vorteilhaft,

wenn Ihnen keine
Werkstatt zur Ver-
fügung steht

Brauchbare
Ausweichlösung
anstelle einer
Hobelbank:
mobile Werkbank
mit Vorrichtun-
gen zur Werk-
stück- und
Werkzeugbefe-
stigung

Handlungsorientiert oder zielorientiert?

Generell wird der Erwerb und der
Einsatz von Werkzeugen davon ab-
hängen, ob Sie eher der zielorien-
tierte Heimwerker sind, dem es
vorrangig auf das Endprodukt ankommt, oder der mehr handlungs-
orientierte, der auch den Kontakt
zum Material sucht. Die „Ausein-
andersetzung" mit dem Werkstoff
Holz, mit seinen Eigenschaften und
Eigenheiten, macht ein gut Teil des
Schreinerns aus. Das Werkzeug ist
dabei der Vermittler.

Einfache, preis-
werte Werkbänke
gehören zur Grund-

ausstattung. Elek-
trowerkzeuge sind
kein Muß

Holz — ein Werk-
stoff, der für
die maschinelle
Verarbeitung fast
zu schade ist

Sie können beispielsweise eine Schlitz-Zapfen-Verbindung auf traditionelle Weise mit Lochbeitel und Handsäge, aber auch mit elektrischen Fräs- und Sägewerkzeugen herstellen. Mit Maschinen läßt sich schnell und präzise arbeiten, und es entstehen fast makellose Produkte. Im Mittelpunkt steht dabei jedoch mehr die Beherrschung technischer Parameter wie Drehzahlen oder Schnittgeschwindigkeiten und weniger der Werkstoff selbst.

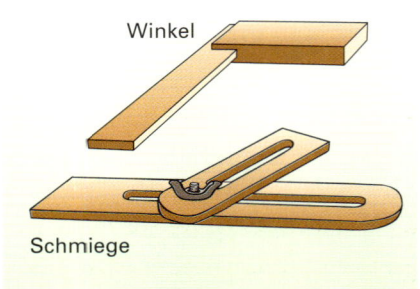

Feststellschraube
Führungsseite
Stahlstift
Anschlag
verstellbare Schienen mit Skala

Streichmaße erleichtern das Anreißen und schränken Meßfehler ein. Für nur gelegentliche Schreiner-arbeiten tun es auch ein spitzer Bleistift und ein Lineal sowie sorgfältiges Messen

Handwerkzeuge

Relativ kleine Grundausstattung genügt

Zu den echten Handwerkzeugen und Hilfsmitteln, derer Sie sich – mehr oder weniger – bei der Aufarbeitung bedienen werden, gehören:
● Meß- und Anreißwerkzeuge,
● Hobelwerkzeuge,
● Sägewerkzeuge,
● Stemmwerkzeuge,
● Bohrwerkzeuge,
● Werkzeuge zum Ebnen und Glätten,
● Geräte zum Schärfen,
● Elektrowerkzeuge.

Meß- und Anreiß-werkzeuge

Um Maßlinien auf dem Holz anzureißen, verwenden Möbelschreiner und Restauratoren gewöhnlich das Streichmaß sowie Winkel und Schmiege.

Streichmaße gibt es in verschiedenen Ausführungen.
Bei den einfachsten Modellen gleitet eine einzelne Zunge in einem massiven Holzblock. Das Massivholz, der Streichmaßkopf, dient als Anschlag. An der Zunge ist ein kleiner spitzer Stahlstift oder eine kleine scharfe Schneide angebracht. Damit können sehr feine und maßgerechte Linien auf dem Holz angerissen werden, wodurch

Winkel

Schmiege

Winkel und Schmiege sorgen für exakte Geometrie und genaue Maße bei der Arbeit

vor allem bei Holzverbindungen die notwendige Paßgenauigkeit erzielt wird. Komfortablere Streichmaße besitzen zwei Zungen, die teilweise auch mit Maßeinteilungen versehen sind.

Den gewöhnlichen Winkel mit feststehenden Schenkeln benötigt man, um rechte Winkel anzutragen. Er ist für das Anreißen neu zu fertigender Bauteile unverzichtbar. Die Schmiege ist ein Winkelmeßgerät, mit dem Winkel eingestellt oder abgenommen und auf ein Werkstück übertragen werden können.

Hobelwerkzeuge

Wenn ein Hobel bereits zu Ihrer Werkzeugausrüstung zählt und dessen Handhabung für Sie nicht neu ist, können Sie ihn für das Zurichten von Werkstücken einsetzen. Um einen Stuhl aufzuarbeiten, brauchen Sie sich einen Hobel jedenfalls nicht extra zu kaufen. Die Bearbeitung der Oberflächen können Sie ebensogut mit Schleifwerkzeugen vornehmen.

Sägewerkzeuge

Für die meisten Sägearbeiten ist ein Fuchsschwanz mit nicht zu grober Zahnung und Mehrzweckzähnen (Dreieckzähnen) ausreichend, der für Längs- wie für Querschnitte eingesetzt werden kann.

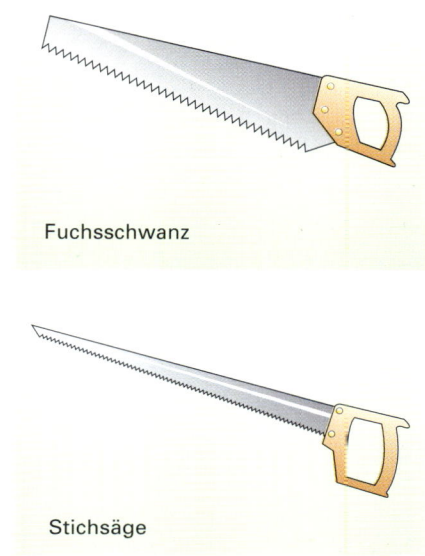

Fuchsschwanz

Stichsäge

Feinsäge (Rückensäge)

Das Allroundwerkzeug für die meisten Sägearbeiten, bevorzugt für Längsschnitte, ist der Fuchsschwanz

Die Stichsäge ist wegen des schmalen, nach oben zu meist konisch geformten Blattes unverzichtbar für gekrümmte Sägebahnen

Für kleinere, aber maßgenaue Sägeschnitte eignet sich die Feinsäge (möglichst mit verstärktem Rücken) am besten

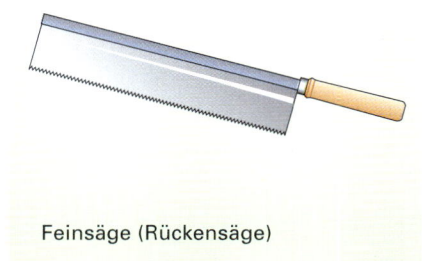

Sollten Sie das Werkzeug gerade gekauft haben, dürfen Sie gewiß sein, daß die Schärfe stimmt. Ältere Sägen aus dem Fundus der typischen Haushandwerkzeuge sollten Sie allerdings auf ihren Zustand überprüfen, weil fälschlicherweise Sägen oft zugetraut wird, daß sie ihren Gebrauchswert über die Lebensdauer hinweg beibehalten. Scharfe Sägen schneiden, ohne daß man einen besonderen Druck ausüben muß.

Für gekrümmte Schnitte sollten Sie auch eine Stichsäge parat haben. Mit Ausführungen, bei denen sich das Sägeblatt zum Rücken hin konisch verjüngt, läßt sich besser arbeiten. Modelle mit geradem Griff, die von manchen Schreinern bevorzugt werden, sind schwerer zu handhaben und daher für Hobbytischler weniger empfehlenswert.

Präzise Schnitte, wie sie bei Holzverbindungen erforderlich sind, setzen eine Fein- oder Rückensäge voraus, deren feine Zahnung zudem glatte Schnittflächen liefert, wie man sie beim Verleimen braucht.

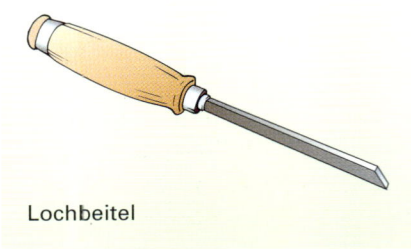

Lochbeitel

Lochbeitel, die besonders kräftige Klingen besitzen, sind für die Er- | neuerung von Schlitz-Zapfen-Verbindungen unentbehrlich

Stemmwerkzeuge

Stechbeitel sollten in keiner Hobbywerkstatt fehlen. Mit ihnen werden Höhlungen ausgestemmt oder nachgearbeitet. Für eine spezielle Höhlung im Stuhlbau, das Zapfenloch (bei einer Schlitz-Zapfen-Ver-

bindung), nehmen Sie aber besser das dafür gedachte Werkzeug, den Lochbeitel.

Sollten Sie sich dieses Werkzeug kaufen wollen, dann beachten Sie bitte, daß dessen Breite der Breite des auszustemmenden Zapfenloches entsprechen muß. Diese wiederum wird bestimmt von der Stärke der zusammenzufügenden Teile. Zapfen und Zapfenloch messen in der Regel jeweils ein Drittel der Gesamtstärke jener Bauteile, an denen sie angebracht werden.

Erwarten Sie nichts von vier Beiteln zu zehn Mark – geben Sie lieber etwas mehr für nur einen brauchbaren aus

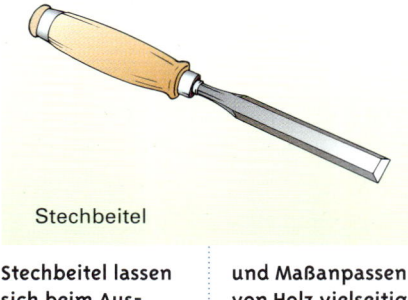

Stechbeitel

Stechbeitel lassen sich beim Aushöhlen, Glätten | und Maßanpassen von Holz vielseitig einsetzen

Spiralbohrer   Holz-Spiralbohrer

Für unseren Bedarf reicht ein kleines Sortiment ge- | wöhnlicher Spiral- und Holzspiralbohrer aus

Bohrwerkzeuge

Was die Bohrwerkzeuge angeht, so können Sie auf die nostalgischen Bohrwinden gut und gerne verzichten. Mit ihnen geht alles nur viel mühsamer, aber kaum besser. Schaffen Sie sich eine Elektrobohrmaschine an. Für die bloße Bearbeitung von Holz genügt schon ein sehr einfaches und daher preiswertes Modell. Empfehlenswert ist eine Drehzahlregelung zur Anpassung an unterschiedliche Materialhärten und Lochdurchmesser.

Die üblichen Standard-Spiralbohrer, wie sie auch für Metalle eingesetzt werden, genügen für die meisten Zwecke. Wenn es auf Präzision besonders ankommt, zum Beispiel beim Anschäften von Ersatzstücken an lädierte Bauteile, ist ein Dübellochbohrer (Holzspiralbohrer) mit Zentrierspitze besser geeignet. Eine gute Führung des Bohrers läßt sich generell durch Vorbohren eines kleineren Loches erzielen.

Werkzeuge zum Ebnen und Glätten

Zum Bearbeiten kleinerer Holzflächen oder von Kanten und Zapfen können Sie auf Raspel und Feile nicht verzichten. Raspeln mit ihren kräftigen, scharfen Zähnen nehmen relativ große Späne ab

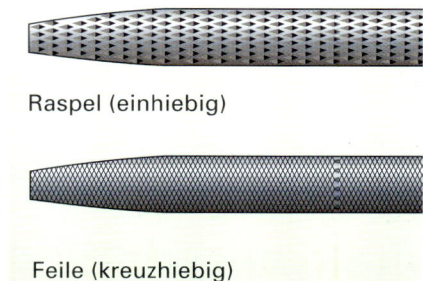

Raspel (einhiebig)

Feile (kreuzhiebig)

Raspeln erlauben grobes Ebnen und Glätten von Oberflächen mit starkem Materialabtrag. Feilen sorgen für feine Spanabnahme. Für Holzbearbeitung gibt es Kabinettfeilen mit halbrundem Querschnitt und verjüngter Spitze

und sind daher für die rohen Vorarbeiten gedacht. Die so entstandenen groben Oberflächen können dann mit der Feile maßgenau nachgearbeitet und sauber geglättet werden.

Darüber hinaus benötigen Sie zum Schleifen von ausgedehnteren Oberflächen zur Vorbereitung auf die spätere Oberflächenbehandlung mit Wachsen, Beizen und Lacken noch einige Hilfsmittel. Dazu zählen unter anderem ein Schleifklotz (aus Holz, Kork oder Hartgummi), Schleifpapier, Schleifwolle und -vliese. Für schwierig zu glättende unebene Flächen und Vertiefungen gibt es mit Schleifmitteln belegte, handliche Schaumgummiblöcke, die ein bequemes und effektives Arbeiten ermöglichen.

Bearbeiten Sie mit Feilen und Raspeln für Holz keine anderen Werkstoffe

Geräte zum Schärfen

Für das Aufarbeiten von Stühlen brauchen Sie nicht unbedingt eine Schleifscheibe. Da Werkzeugschneiden aber regelmäßig nachgeschliffen werden müssen, ist für diesen Zweck zumindest ein guter Abziehstein unbedingt erforderlich.

Elektrowerkzeuge

Außer der schon erwähnten Bohrmaschine, die zur Grundausstattung gehört, kommen – je nach Umfang der Schäden an dem aufzuarbeitenden Objekt – noch weitere, die Arbeit erleichternde Werkzeuge in Frage.

Stichsäge

Allen voran wäre die Stichsäge zu nennen. Sie ist sehr vielseitig einsetzbar, läßt sich leicht handhaben und liefert daher auch sehr exakte und saubere Schnitte.

Schwingschleifer

Schleifarbeiten vor der Oberflächenbehandlung halten sich bei Stühler in Grenzen, lassen sich also durchaus von Hand leisten. Wenn überhaupt, dann käme höchstens ein Schwingschleifer in Betracht. Wegen der schmalen

①

②

③

Flächen ist jedoch Vorsicht geboten, denn das Werkzeug kann leicht verkanten. Einen Bandschleifer, der sehr viel Material abnimmt, sollten Sie für solche Arbeiten nicht einsetzen.

Oberfräse

Die Oberfräse ist ein mittlerweile bei Heimwerkern sehr beliebtes und geschätztes Gerät. Es kann für das Fräsen der Zapfenlöcher eingesetzt werden, wo es präzise Passungen nahezu garantiert.

④

⑤

Hinweise für den sicheren Umgang mit Elektrowerkzeugen

Halten Sie sich strikt an die Bedienungsvorschriften des Herstellers.
Besonders und allgemein zu beachten sind:
● Elektrowerkzeuge erst anschließen, nachdem Sie sich vergewissert haben, daß sie ausgeschaltet sind.
● Beim Auswechseln und Einrichten von Werkzeugteilen (z. B. von Sägeblättern von Stichsägen) immer den Netzstecker ziehen.
● Bei Defekten an den Geräten niemals eigenmächtige Eingriffe vornehmen.
● Ausschließlich mit den vorgesehenen Schutzvorrichtungen arbeiten.
● Staubentwicklung gegebenenfalls mit Gewebefangsack unterbinden oder Atemschutzmaske anlegen. Neuere Maschinen sind mit einem Anschlußstutzen zum Absaugen des Holzstaubes versehen.
● Die Routine im Umgang mit einem Werkzeug darf nicht zu Sorglosigkeit und leichtfertigem Verhalten verleiten.
● Elektrowerkzeuge dem Zugriff von Kindern entziehen.

Auch wenn Sie sich als routinierter Heimwerker einschätzen: lassen Sie niemals die elementaren Sicherheitsregeln außer acht!

5

Leimen

Verbindungstechnik beim Schreinern

Fest und dauerhaft zusammenfügen

Die wichtigste, bei der Arbeit des Schreiners fast ausschließlich angewendete Verbindungstechnik ist das Leimen.

Mit Hilfe des Klebmittels werden die entsprechend vorgearbeiteten Flächen einzelner Bauelemente an ihren Verbindungsstellen fest aneinandergefügt und dauerhaft miteinander verbunden. Ausschlaggebend für den Erfolg dabei ist die Flächenhaftung des Leimes auf dem Holz (Adhäsion) und seine innere Festigkeit (Kohäsion). Diese beiden Kräfte werden um so stärker zur Wirkung kommen, je besser der Kontakt zwischen den zu verleimenden Flächen ist. Eine Voraussetzung dafür ist, daß sie absolut sauber und fettfrei sind.

Nur ausnahmsweise wird geschraubt

Nur gelegentlich, wenn beispielsweise bei einer Holzverbindung schon altersbedingte Schwächen zu vermuten sind, oder wenn besondere Belastungen eine vorsorg-liche Stabilisierung ratsam erscheinen lassen, geben Schrauben an eingeleimten Verstärkungsstücken zusätzliche Sicherheit.

Sie werden zum Beispiel zwischen Stuhlzargen über Eck angeleimt und verschraubt, um die Festigkeit und Haltbarkeit des Gestells zu erhöhen.

Gute Leimfugen sind mindestens so fest wie das Holz selbst

Glutinleim (Heißleim) und Weißleim (Kaltleim) in den gängigsten Handelsformen. Die Platten oder Perlen des Heißleims werden nach dem Aufquellen mit Wasser im Leimtopf erhitzt, der Weißleim direkt aus Plastiktuben oder -flaschen heraus verarbeitet

Tips für das Leimen

- Im (Arbeits-)Raum sollte die übliche Zimmertemperatur von 20 °C nicht unterschritten werden.
- Alle Einzelteile und eventuell notwendigen Befestigungs- und Spannwerkzeuge bereitlegen.
- Die zu verleimenden Flächen gründlich säubern, leicht aufrauhen und abwischen.
- Den Leim mit einem Pinsel oder einem Spachtel gleichmäßig und dünn auftragen.
- Klebeflächen fest zusammenpressen und mit Spannwerkzeugen unter Druck setzen.
- An den Fugen austretenden Leim mit einem feuchten Tuch sofort entfernen.
- Klebestellen hinreichend lange – am besten über Nacht – trocknen lassen.

Glutinleim

Leim für Nostalgiker und werkgetreue Restaurierung: Glutin- oder Heißleim

Früher verwendeten die Möbeltischler Glutinleime, die man aus verschiedenen organischen Abfällen herstellt. Sie werden noch heute in fester Form als kleine Platten oder Perlen gehandelt und müssen in Wasser aufgeweicht und anschließend auf Temperaturen um 60 °C erhitzt werden. Deshalb heißen sie auch Heißleime.
Zu hohe Temperaturen, insbesondere über längere Zeit hinweg, beeinträchtigen nachhaltig ihre Qualität. Keinesfalls dürfen Heißleime zum Kochen gebracht werden.

Aufgrund der natürlichen Ausgangsprodukte sind Heißleime nicht gesundheitsschädlich. Sie besitzen eine gute Klebkraft, erfordern allerdings beim Verleimen Raumtemperaturen von nicht weniger als 20 °C und überdies vorgewärmte Klebeflächen. Da sie schnell fest werden, muß rasch gearbeitet werden.

Weißleim

Zu den Kaltleimen zählt der heute überwiegend eingesetzte Weißleim, ein Dispersionskleber, der aus in Wasser feinstverteilten Kunstharzteilchen besteht. Nach dem Verdunsten des Wassers bilden die vernetzten Teilchen Haftbrücken zwischen den Klebeflächen. Für den Weißleim, der im kalten Zustand, so wie er geliefert wird, direkt eingesetzt werden kann, spricht die leichte Verarbeitung. Der vorteilhaften Handhabung steht jedoch als Nachteil gegenüber, daß er nach dem Trocknen spröder ist als Heißleim und mit zuvor heißgeleimten Flächen nicht die innige Verbindung eingeht wie mit Rohholz.

Fischleim

Als Kompromißlösung bietet sich für das traditionelle Verleimen mit Glutinleim der etwas kostspieligere, aber durchaus erschwingliche Fischleim an. Auch Fischleim, von Restauratoren sehr geschätzt, wird kalt verarbeitet und läßt sich gut verdünnen.

Deshalb ist er auch bestens geeignet für spezielle Verleimungen mit Injektionsspritzen. Mit diesem Werkzeug lassen sich selbst schwer zugängliche Stellen erreichen, indem der Leim über Bohrlöcher an die Klebeflächen herangeführt wird.

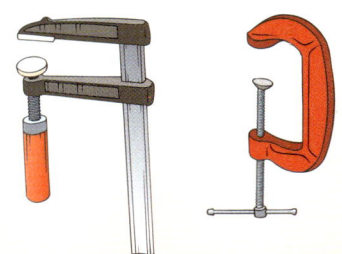

Schraubzwinge   Bügelzwinge

Die Standardwerkzeuge für Verleimarbeiten sind Schraubzwingen und – in größerer

Ausführung – die Schraubknechte sowie Bügel-Schraubzwingen

Brauchbar ist alles, womit zwei Punkte fixiert oder Schlingen gelegt und verzurrt werden können

Verleimwerkzeuge

Die klassischen Verleimwerkzeuge, welche das Zusammenpressen von Leimfugen und deren Absicherung während des Trocknens bewirken, sind die Schraubzwingen.

Diese bewährten Helfer, die aus einer Stahlschiene mit einem festen und einem beweglichem Bügel bestehen, sollten aber auch mit einer Abrutschsicherung versehen sein. Gewöhnlich wird diese Absicherung durch Rillen auf der äußeren Schmalseite bewirkt.

Die größeren Ausführungsformen mit Abmessungen bis zu mehr als einem Meter Länge werden als Schraubknechte bezeichnet. Für das Aufarbeiten von Möbeln sollten Sie davon möglichst auch zwei oder drei parat haben.

Mit gewöhnlichen Schraubzwingen und einigem Geschick beim Anset-

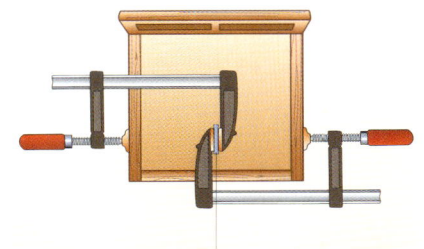

Rutschsicherung aus Gummi

Größere Spannweiten beim Verleimen lassen sich auch durch Kom-

bination kürzerer Schraubzwingen überbrücken

Zwei Schraubzwingen über Kreuz und ein Hilfsklotz ermögli-

chen das Festspannen von Eckverbindungen

Auch Wagenheber mußten schon zum Verleimen herhalten

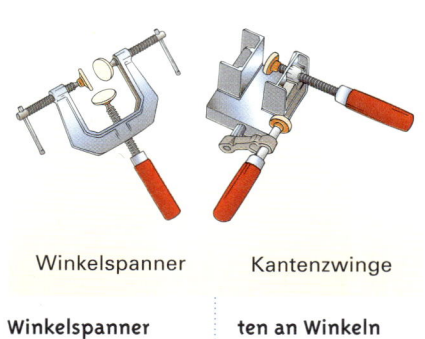

Winkelspanner   Kantenzwinge

**Winkelspanner
und Kantenzwin-
gen erweisen sich
bei Verleimarbei-**

**ten an Winkeln
und über Eck
als überaus
hilfreich**

zen und Kombinieren lassen sich
die meisten Verleimungen ausreichend fixieren.

In gewissen Zeitabständen sollten
die Schienen sorgfältig gesäubert
werden, damit die Gleitbügel
nicht klemmen. Bei dieser Gele-
genheit können Sie die Schienen
und Spindeln mit ein wenig Fett
einreiben.

Spezielle Spann-
werkzeuge

Für knifflige Fixierungen verleim-
ter Bauteile, zum Beispiel über Eck,
gibt es im Handel auch eine Reihe
weiterer Hilfsmittel wie Spanner,
Klemmen und Halterungen. Mit
Winkelspannern und Kantenzwin-
gen beispielsweise, die mehr als
zwei Fixpunkte haben, lassen sich
Verleimarbeiten über Eck sehr
erleichtern.

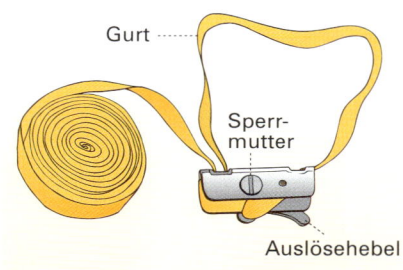

Gurt

Sperr-
mutter

Auslösehebel

**Für Rundumver-
spannungen, zum
Beispiel im Zar-
genbereich von
Stühlen, sind die**

**vielseitig einsetz-
baren Universal-
Spanngurte be-
stens geeignet**

Für die Aufarbeitung von Gestellmöbeln fast unentbehrlich sind die
Universalspanner mit Zugband und
Spannecken. Diese Ausführung ist
in einfachster Form, gewisser-
maßen als Hausmittel, auch unter
der Bezeichnung Kordelpatent bekannt.

In beiden Fällen wird das Band
beziehungsweise eine feste Schnur
um geometrisch ausgedehnte
Konstruktionen, etwa um die
Zargenebene, gewunden und
durch Festziehen einer Spannvorrichtung beziehungsweise durch

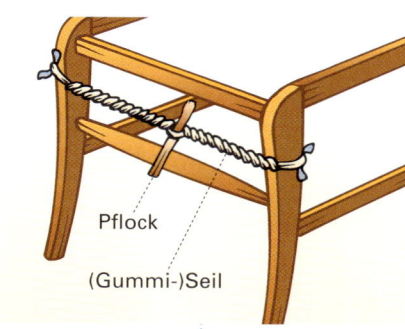

Pflock

(Gummi-)Seil

**Ein leicht herzu-
stellender und
wirksamer Behelf
für den Fall, daß**

**kein Spanngurt
bereitliegt, ist das
sogenannte Kor-
delpatent**

das Verdrillen der Schnur mit einem Holzknebel ein Spanneffekt bewirkt.

Saubere Oberflächen

Vergessen Sie beim Verleimen niemals, die Oberflächen der Werkstücke durch breitflächige Zulagen vor dem Preßdruck zu schützen. Dafür eignen sich am besten kleine Sperrholzplättchen oder saubere und glatte Verschnittstücke.

Und noch etwas ist wichtig: Es wird sich kaum vermeiden lassen, daß hier und dort Leimnasen aus den Fugen herausgequetscht werden. Wischen Sie den überschüssigen Leim sofort mit einem leicht angefeuchteten Tuch ab.

Das geht jetzt noch wesentlich leichter als nach dem Trocknen. Außerdem besteht keine Gefahr, daß die Oberflächen beschädigt werden, wie es beim Abschaben getrockneter Leimreste zu befürchten ist.

Tragen Sie den Leim sparsam auf: alles was austritt, war zuviel

6

Aufarbeiten des Gestells

Erhalten und erneuern

Leitlinien:
Funktionalität und Optik

M it den folgenden Arbeitsanleitungen können Sie die am Gestell üblichen Schäden beheben. Dabei geht es entweder um die Wiederherstellung oder um die Erneuerung seiner Bestandteile. Wenn die Schadensliste fertiggestellt ist, das Werkzeug und die Arbeitsmaterialien bereitliegen, dann kann es losgehen.

Halten Sie sich möglichst bei allen Arbeiten an die zwei grundsätzlichen Ziele:

● Wiederherstellen der Funktionalität (Stabilität des Möbels als Ganzes und Festigkeit seiner Bestandteile im einzelnen), um einen sicheren Gebrauch zu garantieren.

● Wiederherstellen des Erscheinungsbildes (Bauelemente und Oberflächenvergütung), bei dem je nach Ausgangszustand und späterem Verwendungszweck auch stilvoll angepaßte Änderungen denkbar sind. Sie könnten beispielsweise, da keine originalgetreue Restaurierung im Vordergrund steht, auf zu stark beschädigte Verzierungen verzichten oder Ihren Stuhl an seine künftige Umgebung farblich anpassen.

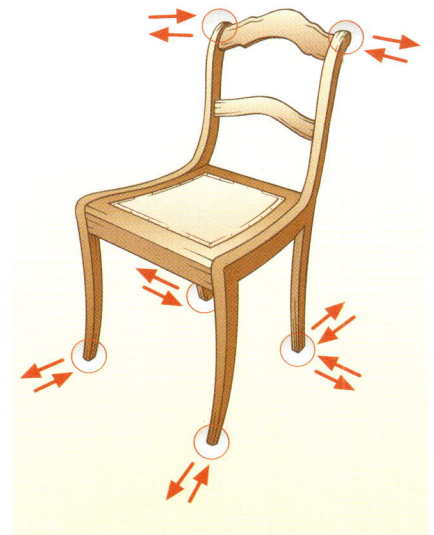

Für ein Gebrauchsmöbel steht die Stabilität an erster Stelle

Bei der Stabilitätsprüfung des Gestells werden alle Verbindungsstellen mit Scher-kräften beansprucht, um lockere Fugen ausfindig zu machen

Nägel und Schrauben entfernen

Ältere Möbel, vor allem die vergleichsweise stark beanspruchten Sitzmöbel, werden meist in die Rumpelkammer gebracht, weil sich ihr Gestell auflöst. Beim Aufarbei-

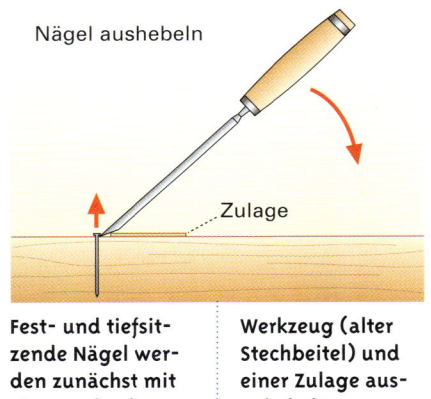

Nägel aushebeln

Zulage

Fest- und tiefsitzende Nägel werden zunächst mit einem scharfen | **Werkzeug (alter Stechbeitel) und einer Zulage ausgehebelt**

Nägel und Schrauben hinterlassen immer unerwünschte Spuren. An sichtbaren Oberflächen müssen sie daher entfernt werden — auch wenn es mühselig ist

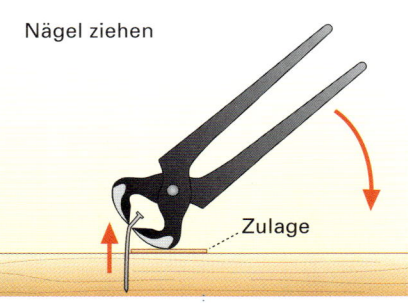

Nägel ziehen

Zulage

Beim Ausziehen eines Nagels mit einer Zange schützt eine dünne | **Zulage aus Holz oder Metall die Oberfläche vor Beschädigungen**

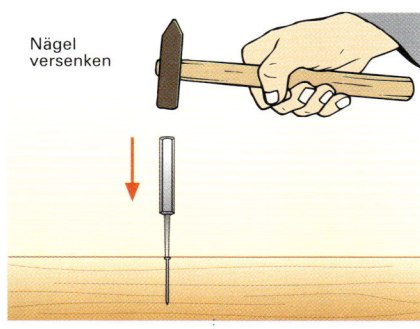

Nägel versenken

Läßt sich ein Nagel überhaupt nicht aus dem Holz entfernen, bleibt nur, | **ihn zu versenken und die Stelle dann mit Holzkitt zu verschließen**

ten muß man daher fast immer zunächst das marode Gestell zerlegen.

Dabei können Sie mit provisorisch genagelten oder verschraubten Verbindungen Probleme bekommen. Meist haben sie Rost angesetzt, sie sehen oft ohnehin mies aus und lassen sich nur schwer entfernen, zumal Sie weitere Beschädigungen vermeiden wollen.

Nägel

Läßt sich ein alter Nagel nicht ohne weiteres heraushebeln, dann geben Sie ihm zunächst mit einem Stahlbolzen (Austreiber) einen beherzten Schlag auf den Kopf. Dadurch wird er gelockert, genauer, es verringert sich die Haftung zwischen Metall und Holz.

Meist läßt sich der Nagel beim zweiten Versuch und mit etwas Geduld heraushebeln. Vergessen Sie nicht, ein dünnes Brettchen unter den Stechbeitel zu legen, um bei diesem Arbeitsgang die Stuhloberfläche vor Quetschungen zu schützen.

Ist einem Nagel absolut nicht beizukommen, bleibt Ihnen nichts anderes übrig, als entweder den Nagelkopf zum Herausziehen freizulegen oder ihn durch tieferes Eintreiben verschwinden zu lassen. Solche Vertiefungen werden später mit Holzkitt ausgebessert.

Schrauben

Auch Schrauben sitzen oft so fest, daß sie sich nicht mehr herausdrehen lassen. Vom Schlitz ist vielfach nicht mehr viel übriggeblieben, und mit einem abgearbeiteten Kopf läßt sich nichts mehr anfangen. Unter diesen Umständen können Sie, je nach Schraubengröße, auf zwei Wegen vorankommen.

Bei kleineren Schrauben läßt sich mit einer eigens zugeschliffenen, schmalen Stahlspitze (zum Beispiel aus einem kleinen Stechbeitel) der Schlitz so weit vertiefen, daß ein Schraubenzieher greift. Auch hier kann ein Schlag auf den Schraubenkopf bewirken, daß die Haftung im Holz gelockert und die Schraube leichter herausgedreht werden kann.

Größere Schrauben werden vorsichtig und vor allem gut zentriert (Körnerschlag nicht vergessen!) ein Stück aufgebohrt. Anschließend kann man mit einem sogenannten Schraubenausdreher, der im Fachhandel erhältlich ist, den Stumpf herauswinden.

Schraubenausdreher sind kurze, konisch geformte, spitz auslaufende Gewindestücke mit Vierkantkopf. Mit Linksgewinde versehen, ersetzen sie den nicht mehr greifenden Schraubenzieher, wenn sie sich mit diesem Gegengewinde in der vorgebohrten Höhlung eines Schraubenschaftes durch druckvolles Eindrehen festgezogen haben.

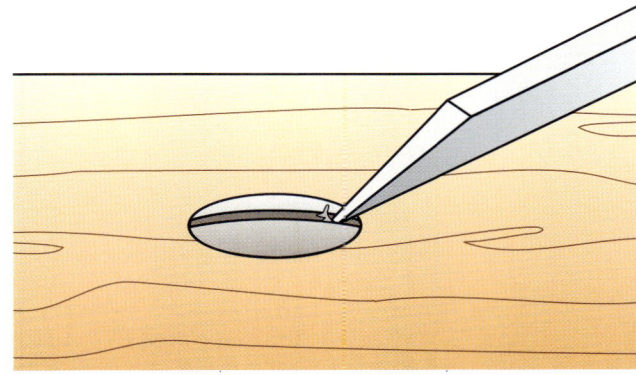

Versuchen Sie, den Schlitz schwer lösbarer Schrauben mit einem spitz zugeschliffenen Stahl zu vertiefen (Vorsicht: nicht abrutschen!)

Falls die aufgeführten Methoden, bei Nägeln oder bei Schrauben, nicht fruchten, sollten Sie es mit den handelsüblichen Rostlösern versuchen. Achten Sie dabei auf eine hinreichende Einwirkzeit und sparsame Dosierung, um den Stuhl mit den fetthaltigen Bestandteilen

Wenn Sie vermeiden wollen, daß beim Entfernen von Nägeln oder Schrauben die Oberfläche beschädigt wird, kleben Sie das Umfeld mit einer steifen Folie ab

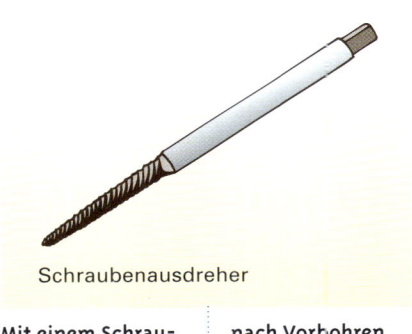

Schraubenausdreher

Mit einem Schraubenausdreher lassen sich etwas stärkere Schrauben nach Vorbohren des Schaftes herausdrehen

der Rostlöser nicht unnötig zu verschmutzen. Besondere Vorsicht ist in der Nähe von Flächen geboten, die verleimt werden müssen.

Fugen aufkeilen

Fugen, die durch Nägel oder Schrauben zusammengehalten werden, kann man vorsichtig aufkeilen. Das darf aber nicht zu rabiat geschehen, wenn Brüche vermieden werden sollen. Läßt sich die Fuge zumindest auf die Breite eines Metallsägeblattes aufweiten, dann sägen Sie die Nägel und Schrauben in diesem Spalt einfach durch.

Eckverbindungen überholen

Die geläufigsten Verbindungsarten von Bauelementen in der Gestellbauweise sind Schlitz, auch Zapfenloch genannt, und Zapfen sowie – als verwandte Abart – Dübel und Dübelloch. Die Stuhlbeine sind mit Schlitzen oder Dübellöchern versehen, an den Querverstrebungen zwischen den Stuhlbeinen, an den Zargen, befinden sich die Zapfen.
In der Gestellbauweise wird durch das Verleimen der Verbindungsstücke, des Zapfens mit dem Zapfenloch beziehungsweise des Dübels mit dem Dübelloch, ein

festes, kraftschlüssiges Gefüge zwischen den Bestandteilen der Holzverbindung hergestellt.

Die Bauteildimensionierung bestimmt die Festigkeit

Ausschlaggebend für die Festigkeit der Holzverbindung sind die Dimensionierung der Bauteile und die Dauerhaftigkeit des verwendeten Leimes.
Achten Sie beim Zurichten der Verbindungsstücke unbedingt auf leichte Preßpassungen, also auf minimal größere Querschnitte von Zapfen oder Dübeln im Vergleich zu den zugehörigen Zapfen- beziehungsweise Dübellöchern.
Die Rahmeneckverbindungen zwischen den Stuhlbeinen und den Längs- und Querzargen müssen wegen der feingliedrigen Skelettbauweise von Stühlen ziemlich hohe Belastungen aushalten, besonders dann, wenn dem Stuhl stützende Stegleisten unterhalb und parallel zu den Zargen fehlen. Gebrauchsbedingte Abnutzungserscheinungen treten auf als
● Lockerung der Bestandteile,
● brüchige oder abgebrochene Zapfen oder Dübel,
● an- oder ausgebrochene Zapfenlöcher.

Überblattung

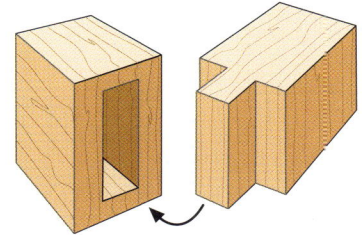

eingestemmter Zapfen

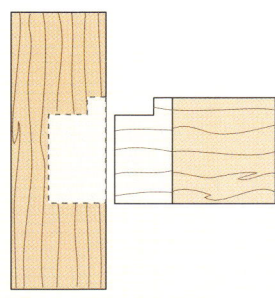

gerader Nutzapfen

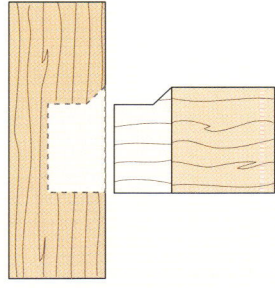

schräger Nutzapfen

**Nur intakte Holz-
verbindungen
können die ge-
brauchsüblichen
Belastungen un-
beschadet über-
stehen**

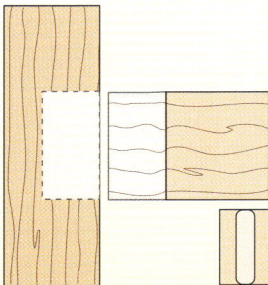

nicht geexelte Verbindung

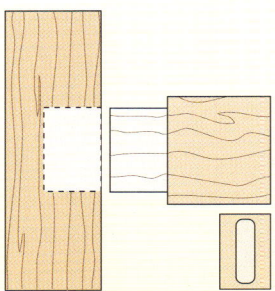

geexelte Verbindung

Festigen loser Fugen durch Leiminjektionen

Auffüttern können Sie nur bei geschwundenem, aber ansonsten gesundem Holz

Einzelne Eckverbindungen, die nur schwach gelockert, aber ansonsten – vom Gefüge zwischen Bein und Zarge her gesehen – in einem passablen Zustand sind, lassen sich ohne Zerlegen stabilisieren, indem man neuen Leim in die Fugen zwischen Zapfen und Zapfenloch einbringt. Dafür eignet sich eine einfache Injektionsspritze, wie sie in jeder Apotheke erhältlich ist.

Den Zugang zu den Verleimfugen verschaffen Sie sich durch Bohrlöcher von den Unter- und Innenseiten her. Den Vortrieb dieser Bohrlöcher müssen Sie in Richtung und Tiefe nach Augenmaß ungefähr abschätzen.

Wegen der zähen Konsistenz des Leimes ist für dessen Einbringen durch die Bohrlöcher in die Fugen anstelle der Kanüle ein Stück dünnen Kunststoffschlauchs erforderlich.

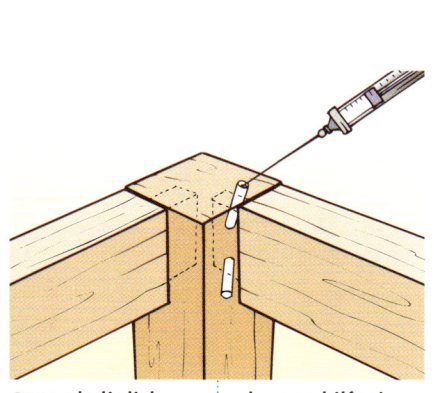

Gegen lediglich schwach gelockerte Eckverbindungen hilft eine simple Leiminjektion

Schadhafte Zapfen überarbeiten

Manchen Zapfen ist anzumerken, daß für deren Lockerung das Schwinden des Holzes verantwortlich ist, sofern sie nicht bereits bei der Montage zu locker zugeschnitten waren. Wenn der alternde Leim die dadurch auftretenden inneren Spannungen an der Leimfuge sowie die hinzutretenden Belastungen der Verbindungsstelle durch äußere Krafteinwirkungen eines Tages nicht mehr aushält, löst sich der Zapfen im Zapfenloch. Solche geringfügigen Lücken lassen sich durch Auffüttern des Zapfens überbrücken.

Schwache Zapfen auffüttern

Dazu lösen Sie die Verbindung möglichst behutsam und nutzen die Fugen, die mit Holzkeilen auseinandergetrieben werden können. Wollen Sie mit Schlägen nachhelfen, kommt dafür nur ein Gummihammer in Frage.

Wenn der Zapfen zugänglich ist, schneiden Sie sich passend zur Wangenfläche (Seitenfläche) des

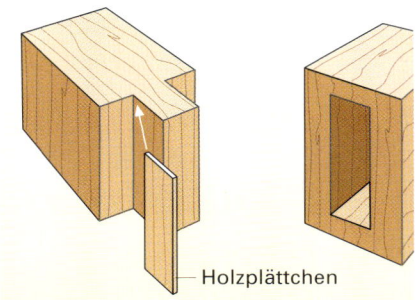

Holzplättchen

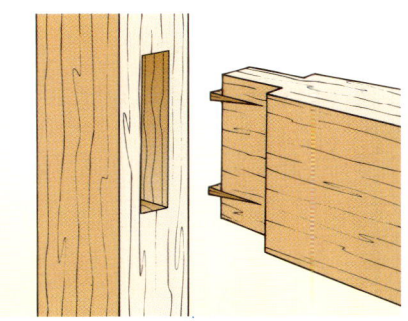

Zu stark ge-
schrumpfte und
dadurch locker ge-
wordene Zapfen
füttert man am

besten mit Fur-
nierstücken auf,
um sie haltbar ver-
leimen zu können

Für den strammen
Sitz des Zapfens
im Schlitz ist ne-
ben dem Auffüt-
tern der Wangen

auch ein Aufsprei-
zen durch kleine,
schmale Keile
möglich

Zapfens ein Furnierstück zurecht
und bringen es vor dem neuer-
lichen Verleimen an einer der
Wangen.

Zapfen aufkeilen

Für den Fall, daß nicht allein die
Wangen eines Zapfens, sondern
auch die Schmalseiten zuviel Spiel
haben, können Sie den Zapfen mit
kleinen Keilen aufspreizen. Man
drittelt dazu die Zapfenhöhe und
setzt an den so entstehenden beiden Marken eine Feinsäge an. Zwei
Sägeschnitte über die gesamte
Länge des Zapfens bis hin zur Brü-
stung dienen der Aufnahme kleiner, schmaler Keile.
Diese Keile werden in sehr flachem
Winkel zugeschnitten, ihre Länge
ergibt sich aus der Schlitztiefe und
der beabsichtigten Aufspreizung
des Zapfens. Sie müssen so lang

sein, daß sie auf den Grund des
Zapfenloches treffen, bevor der
Zapfen vollständig eingetrieben
worden ist. Auf der restlichen Weg-
länge spreizen die Keile den aufge-
sägten Zapfen. Dadurch erhält er
einen festen Sitz im Zapfenloch,
und die Verleimstelle wird stabil.

Brüchige Zapfen
aufarbeiten

Wenn ein Zapfen weder durch Auffüttern noch durch Aufspreizen
wiederhergestellt werden kann,
oder wenn er ganz und gar zer-
splittert oder gebrochen ist, sollten
Sie ein ansonsten guterhaltenes
Originalteil mit einem Ersatzzapfen
versehen.
Dazu wird an dem beschädigten
Teil der Zapfenrest bündig zur Brü-
stung abgesägt und an der begra-
digten Stirnseite nach Ausstemmen

47

eines Loches ein entsprechend bemessener kleiner Holzquader so eingeleimt, daß er den ursprünglichen Zapfen nachbildet. Sie verfahren dabei genauso wie beim nachfolgend beschriebenen Ausstemmen eines Schlitzes für eine Schlitz-Zapfen-Verbindung bei einem Stuhlbein.

Ersatzzapfen stehen den Originalen in nichts nach, wenn sie sorgfältig eingepaßt und verleimt werden

Bevor Sie den Rest des alten Zapfens ausstemmen, sägen Sie sich Holzklötze zu, die genau auf die Außenseiten des jeweiligen, meist zierlichen Bauteils passen. Verspannen Sie die Klötze mit Schraubzwingen. Mit dieser Sicherung verhindern Sie, daß das Originalteil beim Ausstemmen gespalten wird.

Eine neue Zapfenverbindung herstellen

Sollten Sie mit den zuvor beschriebenen Arbeitstechniken keinen Erfolg haben, dann müssen Sie die Zarge oder das Stuhlbein oder die komplette Holzverbindung erneuern.

Die Zapfenlöcher werden in die Stuhlbeine gestemmt. Die Zapfen sägt man an den Zargen und ebenso bei weiteren, das Gestell stabilisierenden Verbindungsteilen wie Stegleisten, Riegel oder Lehnenkopfstück, an den Stirnseiten der Verbindungsstücke zu. Wenn eine Schlitz-Zapfen-Verbindung

neu aufgebaut wird, nehmen Sie sich zuerst den Fuß und das Zapfenloch vor, weil es leichter ist, den Zapfen an das Zapfenloch anzupassen als umgekehrt.

Zapfenloch stemmen

In traditioneller Bauweise wird das Zapfenloch nach dem Anreißen mit einem Lochbeitel ausgehöhlt. Dieser Beitel hat einen ungefähr quadratischen Querschnitt, er ist also wesentlich dicker als ein normaler, vergleichsweise flacher Stechbeitel. Seine Breite entspricht der des Zapfenloches.

Die parallelen Seitenflächen des Lochbeitels verleihen dem Werkzeug eine selbständige Führung. Wird es bei Beginn der Arbeit präzise angesetzt, treibt es sich von selbst geradlinig durch das Holz. Wenn Sie den Beitel mit einem Klebestreifen als Markierung für die Einstichtiefe versehen, erhalten Sie

Ein Zapfenloch beginnt man von der Mitte aus zu den | Rändern der Schmalseiten hin auszustemmen

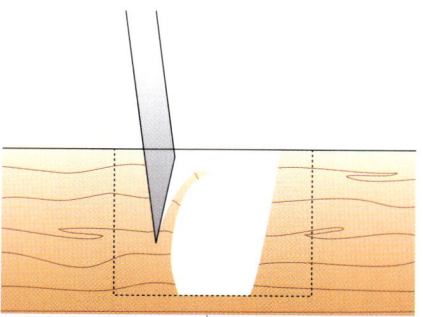

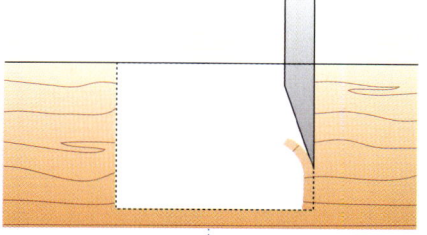

Beim Ausstemmen weist die Fase des Beitels zur Mitte der Höhlung

Die Dicke des Lochbeitels vermittelt diesem Werkzeug eine Führung im Zapfenloch. Deshalb ist zu Beginn des Ausstemmens auf eine exakte Ausrichtung des Beitels zu achten

Die Seitenflanken des Zapfenloches und dessen Bodenfläche müssen für einen guten Sitz des Zapfens ebenmäßig und rechtwinklig zueinander ausgestemmt werden

mühelos eine ebene Fläche auf dem Grund des Zapfenloches.

Etwas leichter kommt man beim Ausstemmen voran, wenn die Höhlung zunächst durch eng beieinanderliegende Bohrungen vorbereitet wird. Verlassen Sie sich dabei aber nicht auf Ihr gutes Augenmaß, denn diese Bohrungen müssen sehr genau auf Linie und möglichst auch auf gleiche Tiefe gebracht werden. Andernfalls kann es beim anschließenden Aushöhlen und beim nachfolgenden Verleimen zu Schwierigkeiten kommen. Ohne Bohrständer, Führung und Tiefenanschlag ist diese Methode nicht zu empfehlen.

Zapfenloch fräsen

Ein präzise ausgestemmtes Zapfenloch ist aufwendig, es erfordert Sorgfalt und Übung. Mit einer

Oberfräse können Sie sich die Arbeit allerdings wesentlich erleichtern. Darüber hinaus garantiert die maschinelle Anfertigung von Zapfenlöchern eine hohe Genauigkeit.

Mit den absolut parallelen und sehr ebenen Flächen und entsprechend zugearbeiteten Zapfen wird eine gute Paßfähigkeit erzielt. Der genaue Sitz der Verbindungselemente ist für die Haltbarkeit nach dem Verleimen ausschlaggebend.

Die Oberfräse wird an einem Bohrständer oder an einer anderen geeigneten Vorrichtung befestigt.

Mit diesem Geräteaufbau lassen sich die Zapfenlöcher in Form von Langlöchern ausfräsen. Sie benötigen dafür einen entsprechend dimensionierten Fingerfräser und eine Vorrichtung zum Führen des Bauteils.

Präzision mit der Maschine. Voraussetzung: Stabile Einspannvorrichtungen für Werkzeug und Werkstück

Der Zapfen läßt
sich leichter
bearbeiten und
wird deshalb an
das zuvor ausge-
stemmte Zapfen-
loch angepaßt

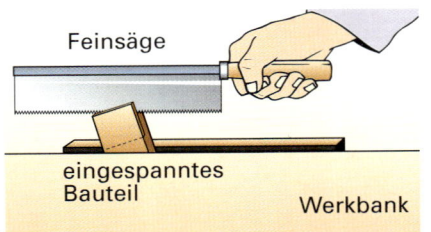

Feinsäge

eingespanntes
Bauteil

Werkbank

**Bei der Anferti-
gung eines neuen
Zapfens werden
die ersten Säge-** **schnitte entlang
der Zapfenwangen
geführt**

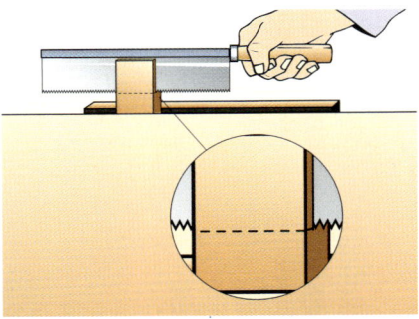

**Beachten Sie beim
Hinuntersägen auf
den Brüstungsriß,
daß die Säge im** **exakt rechten Winkel zur Längsrich-
tung des Bauteils
steht**

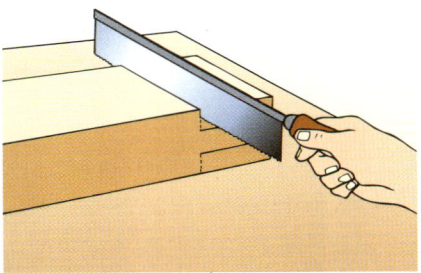

**Nach dem Zu-
schneiden der
Wangen wird die
Ausklinkung** **entlang der
Brüstungslinie
abgesetzt**

Zapfen zusägen

Wenn Sie das Zapfenloch mit der Fräse oder dem Lochbeitel fertiggestellt haben, reißen Sie die Maße des Zapfens auf dem Gegenstück an. Mit einer Feinsäge können Sie dann die Schnitte zunächst längs der Wangen und dann längs der Brüstungen führen, wobei die Reihenfolge keine Rolle spielt.

Wichtig ist indessen, fürs erste eher weniger als zuviel Material abzunehmen. Wenn die Verbindungselemente nicht auf Anhieb zusammenpassen, wird leicht nachgeschliffen.

Beim späteren Verleimen bestreichen Sie mit einem kleinen Holzspachtel sehr sorgfältig dünn und flächendeckend die Flanken und den Grund des Schlitzes. Der Zapfen wird mit einem Pinsel eingestrichen.

Wenn Sie mit Kaltleim arbeiten, ist der ganze Vorgang ziemlich unproblematisch. Bei Heißleim müssen Sie die Verbindungsstellen vorwärmen (Fön) und die Teile wegen des schnelleren Trocknens zügig zusammenfügen und ausrichten.

Verstärken und anschäften

Ganz gleich, wie Sie die Eckverbindungen an der Sitzfläche behandelt haben, sollten Sie überprüfen, ob noch eine zusätzliche Absicherung des Zargenrahmens durch Verstärkungsstücke notwendig ist. Diese Bauelemente, auch Ecklötze genannt, bestehen im allgemeinen aus dreieckigen, rechtwinklig zugeschnittenen Hartholzstücken.

Sie werden auf der Unterseite des Sitzes über Eck von Zarge zu Zarge stumpf (Fläche auf Fläche) aufgeleimt und zusätzlich festgeschraubt. Die Schrauben ersetzen beim Trocknen des Leimes die Spannvorrichtung und erhöhen die Haltbarkeit.

Verstärkungen sind besonders bei Stühlen mit Einlegesitzen angebracht. Die Zargen solcher Stühle müssen zur Aufnahme des Sitzes aufgefälzt, also in ihrem Querschnitt um einiges vermindert werden. Dadurch verringert sich aber die Festigkeit der Eckverbindungen.

Achten Sie darauf, daß die Holzfaserrichtung des einzusetzenden Verstärkungsstückes von Zarge zu Zarge verläuft, damit es bei späterer Zugbeanspruchung nicht auseinanderreißt. Sie können die Schrauben senkrecht zu den Zargen oder senkrecht zum Verstärkungsstück ausrichten.

Vor dem Eindrehen wird mit einem etwas kleineren Durchmesser als dem der Schrauben vorgebohrt, um Spannungen im Holz und damit die Ansätze von Rissen zu vermeiden.

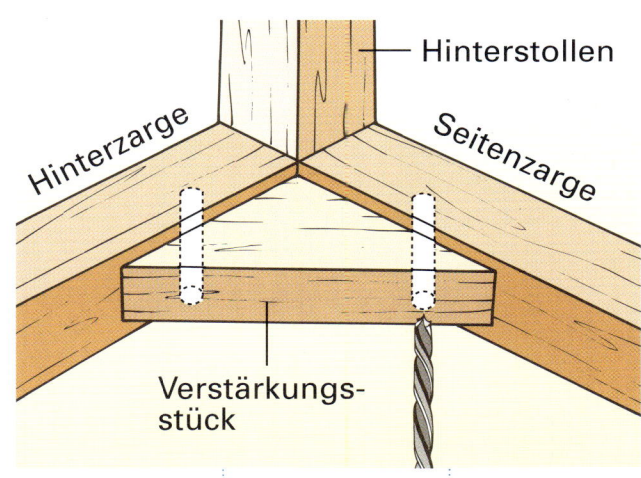

Soll ein Verstärkungsstück nicht nur verleimt, sondern auch festgeschraubt werden, benötigt man vorgebohrte Löcher in den Zargen, um das Spalten des Holzes zu vermeiden

Verstärkungsstücke stabilisieren die Zargenebene, die durch die in diesem Bereich auftretenden Scherkräfte stark beansprucht wird

Die Zargenebene kann man vorsorglich mit Holzklötzen über Eck stabilisieren

Stuhlbein anschäften

Grundsätzlich kann man alle stark beschädigten Teile des Gestells anschäften und damit auf die ursprüngliche Länge bringen.

Sägen Sie mit einem Schnitt deckungsgleiche Flächen zu, um eine paßfähige Verbindungsebene vorzubereiten

Wird das Ansatzstück für ein beschädigtes Bauteil mit diesem gemeinsam ab-

gelängt, erhalten Sie genau zueinander passende Verleimflächen

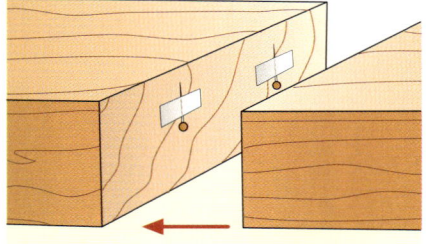

Dübel verstärken die Anschäftung und erleichtern das Verleimen

Zur genauen Markierung der Bohrlöcher für die Dübel eignen sich als einfaches Hilfsmittel Steck-

nadelköpfe, die mit Klebebändern auf den Schnittflächen befestigt werden

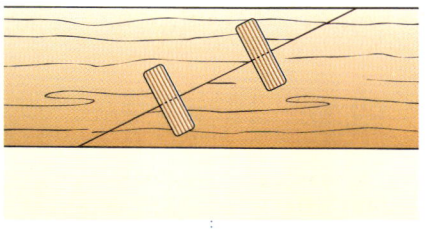

So sieht der Querschnitt durch eine

fertiggestellte Anschäftung aus

Zumeist sind es die Stuhlbeine, die auf diese Weise zu reparieren sind.

Verleimflächen zuschneiden

Um die Fläche zwischen Stuhl und Ansatzstück möglichst groß und dadurch die Leimverbindung möglichst haltbar zu machen, wird ein schräger Schnitt angelegt. Bereiten Sie ein in Farbe und Maserung vergleichbares Ersatzstück vor. Dieses Ansatzstück wird dann zusammen mit zwei entlang der Schnittlinie geführten Hartholzleisten auf dem Stuhlbein festgemacht.
Beim Sägen entlang der Führungsleiste erhalten Sie identische Schnittflächen. Die spätere, auf das Verleimen folgende Nacharbeit kann dadurch reduziert und die Übergangsstelle beim Nachschleifen fast unkenntlich gemacht werden.

Dübellöcher zentrieren

Die beiden Stoßflächen werden durch zwei Dübel miteinander verbunden, weil sie sich sonst beim Verleimen gegeneinander verschieben würden.
Genaue Markierungspunkte zum Bohren der Dübellöcher liefern Ihnen zwei Stecknadeln. Mit

Tesafilm auf einer der beiden Schnittflächen angebracht, hinterlassen sie nach dem Zusammendrücken der Bauteile kleine Vertiefungen.

Dübellöcher bohren

Die nun folgenden Dübelloch-Bohrungen in Stuhlbein und Ansatzstück müssen hinsichtlich Zentrierung (Querschnittsfläche) und Orientierung (Stuhlbeinachse) sehr sorgfältig ausgeführt werden, um das flächendeckende Verleimen ohne Versatz und Fuge sicherzustellen.
Von Hand sollten Sie diesen Arbeitsgang keinesfalls ausführen, denn das ginge höchstwahrscheinlich im wahrsten Sinne des Wortes schief. Selbst ein gelernter und versierter Schreiner hätte damit seine liebe Mühe. Benutzen Sie eine eingespannte Bohrmaschine. Der Genauigkeit halber sollte außer der Bohrmaschine auch das Werkstück fixiert sein.

Ansatzstück verleimen

Bestreichen Sie nun die Klebeflächen, und setzen Sie den Dübel mit etwas Leim in eine der Bohrungen ein. Bevor Sie die andere Bohrung mit Leim versehen, prüfen Sie, ob der Dübel paßt. Zwischen Dübel und Boden der Bohrung soll-

ten 2 bis 3 mm „Luft" sein. Schleifen Sie anschließend die Verbindungsstelle sorgfältig. Je nach Art der späteren Oberflächenbehandlung, lasierend oder deckend, wird der zunächst noch deutlich sichtbare Übergang dann weitgehend verschwinden.

Schadstellen beheben mit Ersatzstücken

Mit Holzkitt sollten Sie nur kleinere Schäden wie Risse und Schrammen oder Holzwurmlöcher ausfüllen. Bei größeren und tieferen Beschädigungen der Oberfläche erhält man befriedigende Lösungen nur mit eingepaßten Ersatzstücken.

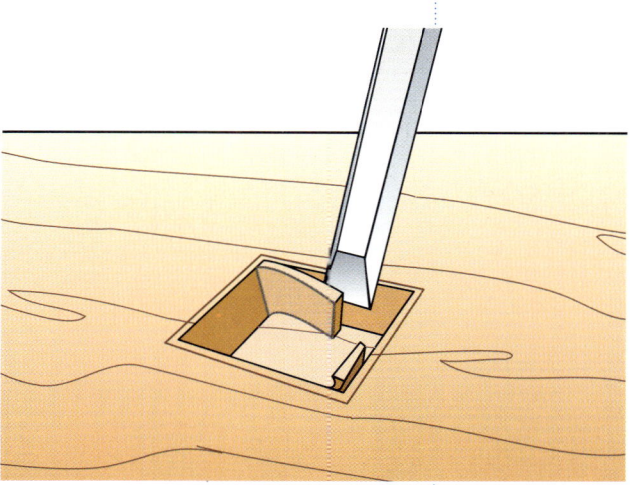

Um tiefe und ausgedehnte Oberflächenschäden zu beheben, wird das Holz ringsum ausgestemmt und durch ein Ersatzstück wieder ausgeglichen

Feste und dauerhafte Leimfugen sind – ohne Dübelung – nur mit Längsholz (parallel zur Faser) möglich

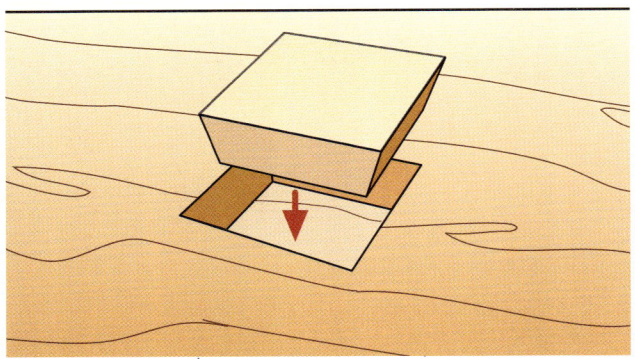

material. Anschließend wird zuerst die Dicke des Ersatzstückes, die wegen des Nachschleifens ein klein wenig stärker als die Tiefe des Loches zu bemessen ist, und dann der Umfang zugesägt.

Ersatzstück einpassen

Mit feinem Sandpapier bringen Sie nun das Ersatzstück in Paßform. Es wird in die ausgestemmte Vertiefung eingeleimt und nach dem Trocknen oberflächenbündig heruntergeschliffen.
Schleifen Sie mit Fingerspitzengefühl, um die Oberfläche des Originals zu schonen.

Das möglichst genau angepaßte Ersatzstück leimt man in die ausgestemmte Höhlung ein

Retuschieren läßt begrenzte Farbanpassungen bei unterschiedlichen Ausgangsmaterialien zu

Natürlich sollte das Ersatzstück dem Original möglichst gleichen, doch bekommt man selten den genauen Farbton, denn unverkennbare Farbabweichungen treten selbst bei der ein- und derselben Holzsorte auf.
Deshalb empfiehlt sich schon bei der Auswahl des Holzes für das Ersatzstück ein etwas hellerer Ton, der dann durch eine entsprechende Nachbehandlung angepaßt werden kann.

Sorgfalt bei Holzauswahl und Zuschnitt minimieren die Nacharbeit

Druckstellen ausbessern

Wenn Holzfasern durch äußere Einwirkungen zu stark zusammengepreßt werden, bleiben dauerhafte

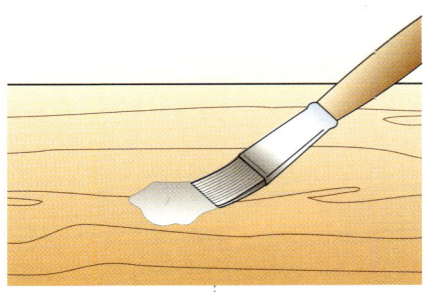

Schadstelle ausstemmen

Die Schadstelle wird im engstmöglichen Bereich rechtwinklig umrissen und ausgestemmt. Die Kontur des Loches übertragen Sie mit Transparentpapier auf das Ersatz-

Nicht allzu tiefe Druckstellen lassen sich mitunter dadurch beseitigen, daß man die Vertiefungen anfeuchtet und die Holzfasern zum Quellen bringt

Verformungen zurück. Solche kleinen Druckstellen lassen sich manchmal mit Hilfe von Wasser wieder ausgleichen.

Benetzen Sie zunächst die Vertiefungen mit einem angefeuchteten Tuch oder mit einem Pinsel. Anschließend wird für einige Zeit ein getränktes Schwämmchen in Größe der schadhaften Stelle aufgelegt. Gewöhnlich werden die Holzfasern durch Aufquellen ihre ursprüngliche Form wieder annehmen und dadurch die Oberfläche einebnen.

Sollte das Ergebnis, vor allem bei Harthölzern, nicht zufriedenstellend ausfallen, versuchen Sie es

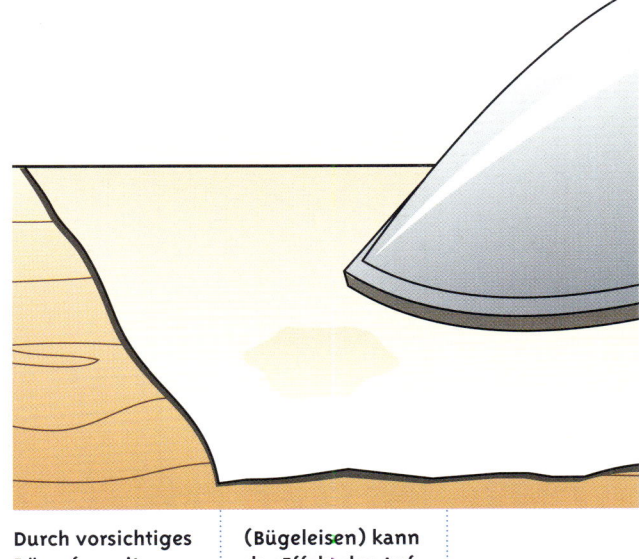

Durch vorsichtiges Dämpfen mit einem heißen Gegenstand (Bügeleisen) kann der Effekt des Aufquellens noch verstärkt werden

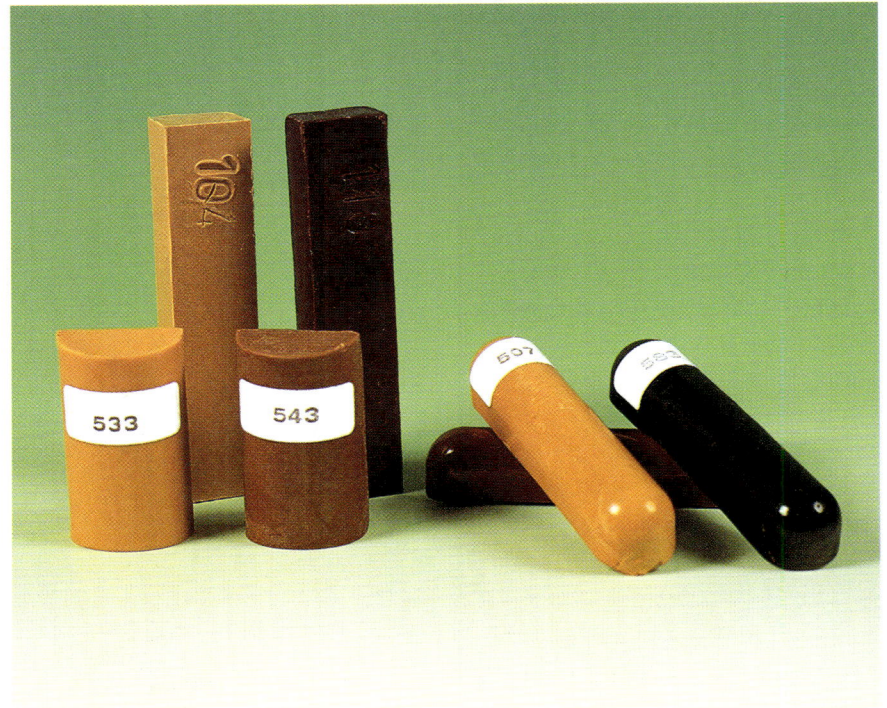

Wachs- und Schellackstangen sind gut geeignet, um kleinere Risse und Unebenheiten zu glätten

Schleifen von Oberflächen

Durch das Schleifen wird die Oberfläche vorbereitet für die spätere Behandlung mit Beschichtungsmitteln, zum Beispiel für das Aufbringen von Ölen oder Wachsen, von Beizen oder Lacken.

Für eine gute Oberflächenqualität des fertigen Möbelstückes ist ein absolut ebener Schliff erforderlich, den man nur in mehreren Arbeitsgängen erreicht: durch das Vorschleifen, das Zwischenschleifen und das Feinschleifen.

Dafür braucht man Schleifpapier von unterschiedlicher, schrittweise feiner werdender Körnung. Um die

Mit Holzkitt, einer knetbaren, aushärtenden Masse, lassen sich kleinere **Löcher und ausgedehntere Risse gut ausfüllen**

mit dem Dämpfen. Bei dieser Technik wird die durch Anfeuchtung ungenügend regenerierte Druckstelle mit einem feuchten Tuch bedeckt und kurzzeitig der Spitze eines mäßig heißen Bügeleisens ausgesetzt. Wiederholen Sie, wenn nötig, diese Behandlung einige Male.

Für die weitere Oberflächenbearbeitung sollten sich die aufgequollenen Holzfasern der bereinigten Druckstelle zumindest auf die Höhe der sie einschließenden Fläche angehoben haben. Dann entsteht beim anschließenden Schleifen ein ebenmäßiger Grund für spätere Beschichtungen.

Mit weichen Reinigungsbürsten, die auch in Vertiefungen gelangen, **kann der Schleifstaub abgetragen werden**

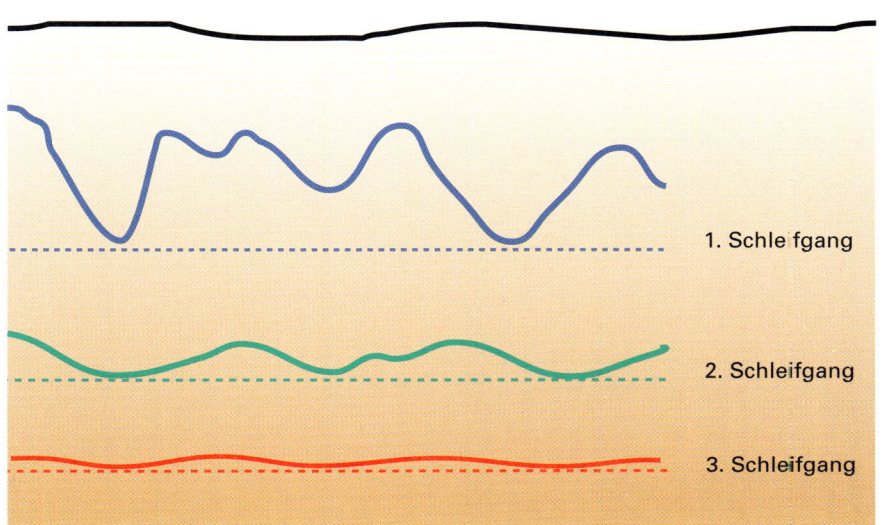

1. Schle fgang

2. Schleifgang

3. Schleifgang

gröbsten Unebenheiten zu beseitigen, wird zunächst mit Körnung 120 vorgeschliffen. Mit stufenweise feiner werdender Körnung bis etwa 200 oder noch feiner stellen Sie daraufhin eine Oberfläche her, die für den späteren Auftrag von Beschichtungsstoffen glatt genug ist. Bei den einzelnen Schleifgängen ist zu beachten, daß der jeweils nachfolgende Arbeitsgang die Spuren des vorausgegangenen vollkommen tilgt. Sonst bleiben feine, vor allem beim Beizen dunkler hervortretende Kratzer zurück.

7

Polstern

Wenn der Sitz
keinen Halt hat

Fahrplan fürs Polstern

W ir demonstrieren Ihnen die grundlegenden Arbeitstechniken an der einfachsten Variante eines Polstersitzes – an einem eingelegten Sitzrahmen mit Gurten und Roßhaarpolsterung. Darüber hinaus gibt es auch Sitzeinlagen mit Sprungfedern oder direkt auf das Gestell montierte Sprungfedernpolsterungen, bei denen Sie dann in Anlehnung an diese Anleitungen und in Anpassung an den jeweiligen Einzelfall vorgehen können.

Erscheint Ihnen der alte Sitzrahmen weiterhin verwendungsfähig, dann stehen folgende Ausbesserungsarbeiten bevor:
● Entfernen der Polsterungsauflagen (Minimalausstattung: Bezugsstoff, Nesselschicht, Roßhaar, Jutegewebe),
● Entfernen der Gurte,
● Überholen des Sitzrahmens,
● Aufspannen neuer Gurte,
● Auffüttern einer neuen Polsterung.

Für den Fall, daß sich nach der Demontage auch der Sitzrahmen als erneuerungsbedürftig erweist, bauen Sie sich nach den Maßen des alten einen neuen. Die Rah-

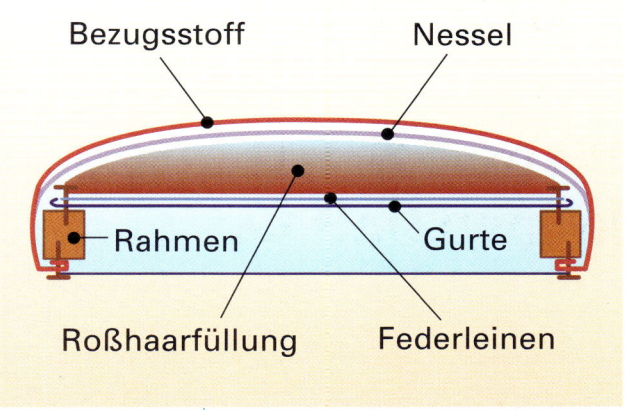

menecken sind einfache Überblattungen oder Schlitz-Zapfen-Verbindungen.

Alte Polsterung entfernen

Von einem alten Polstersitz kann man oft nur noch den Rahmen und die Einlage (meist Roßhaar) verwenden. Dem Bezugsstoff können Sie mit den Mitteln des Heim-

Über die Bestandteile eines Polstereinlegesitzes und deren Anbringungsart kann man sich schon beim Abziehen der alten Lagen ein Bild machen

Sehen Sie sich vor dem Auseinandernehmen und während des Zerlegens die Bestandteile Ihres Modells genau an

werkers seine alte Pracht meist nicht zurückgeben und daher ziemlich unbefangen an die Arbeit gehen.

Bezugsstoff lösen

Heben Sie ein Musterstück des alten Bezugsstoffes auf, wenn er durch einen vergleichbaren ersetzt werden soll

Bei einem schadhaften Polstersitz wird zuerst der Bezugsstoff entfernt. Er ist an den Seiten des Sitzrahmens oder an dessen Unterseite mit Nägeln befestigt. Holen Sie die Nägel am besten mit einem alten Schraubenzieher oder mit einem alten Stechbeitel heraus. Allerdings sollte dabei die Richtung beachtet werden, in der das Werkzeug angesetzt wird. Um den Sitzrahmen zu schonen und dessen Aufspalten zu vermeiden, muß der Schraubenzieher oder das Stemm-

eisen längs der Faserrichtung des Holzes angesetzt werden. An den Ecken sollten Sie die Schläge vorsorglich nach innen führen. Denn an den Rahmenenden, also in der Umgebung des Hirnholzes, ist die Gefahr des Aufspaltens besonders groß.

Nessel und Polsterung lösen

Unter dem Bezug werden Sie eine weitere Lage vorfinden, die aus Nessel, einem groben Baumwollstoff, besteht. Entfernen Sie auch diesen Stoff wie zuvor beschrieben. Die darauffolgende Schicht aus Roßhaar (oder aus einem anderen Material), das Kernstück der Polsterung, läßt sich nach einer Auflockerung eventuell wieder verwenden, falls sie nicht zu klumpig zusammengepreßt ist.

Jutegewebe abnehmen

Damit sind Sie bereits beim Jutegewebe angelangt, mit dem die Gurte abgedeckt sind. Auch hier werden die Nägel wie gewohnt herausgeschlagen.

Die verschlissene Bespannung sollte möglichst vorsichtig entfernt werden, um das Holz des Rahmens zu schonen

Gurte entfernen

Um schließlich die alten Gurte zu entfernen, können Sie auch eine

Kneifzange verwenden, sofern Sie mit ihr die Gurtränder gut zu fassen bekommen. Bei vorsichtigem Aushebeln lassen sich Nägel, die nicht allzu fest sitzen, mit herausziehen.

Im Rahmenholz haftenbleibende Nägel können Sie an den freigelegten Köpfen zu packen versuchen. Wenn sich das als aussichtslos erweist, werden sie mit einem Dorn eingeschlagen.

Neue Polsterung anbringen

Halten Sie alle Materialien beisammen, die Sie zum Erneuern brauchen, dann kann es losgehen: Der Arbeitsablauf folgt grob dem Fahrplan für die Demontage, nun allerdings in umgekehrter Reihenfolge.

Gurte aufziehen

Drei längs- und drei quergespannte, sechs über kreuz geflochtene Gurte sind gewöhnlich die Basis für einen Polstersitz. Manche Stühle haben auch Sitzeinlagen mit Sprungfedern. Sind sie gut erhalten, brauchen sie nur gesäubert zu werden.

Bei stärkeren Schäden entfernen Sie diese Unterkonstruktion und bringen als Ersatz dafür ebenfalls Gurte an.

Besondere Sorgfalt erfordert der Austausch der Gurtbänder, sie sind die Grundlage des neuen Sitzes

Gurtlänge ermitteln

Die Gurtlänge für eine neue Bespannung bestimmen Sie anhand der Abmessungen des Sitzrahmens und einer Zugabe von 5 bis 6 cm pro Gurt für das Umschlagen der Enden beim Festnageln. Dem so ermittelten Wert werden dann noch ungefähr 30 cm hinzugefügt, um auch das letzte Gurtstück noch problemlos mit dem Gurtspanner aufziehen zu können.

Für das Aufziehen der Gurte wird der Sitzrahmen am besten mit zwei kräftigen Schraubzwingen auf einer Werkbank oder einer stabilen Unterlage fixiert. Schlagen Sie nun ein Gurtende 2 bis 3 cm nach oben um, und befestigen Sie es in der Mitte der hinteren Querstrebe.

Wenn die Bespannungen abgezogen sind, bleibt ein meist gut erhaltener Holzrahmen übrig

Bemessen Sie die Gurtlänge nach den Rahmenabmessungen und den verarbeitungsbedingten Zugaben

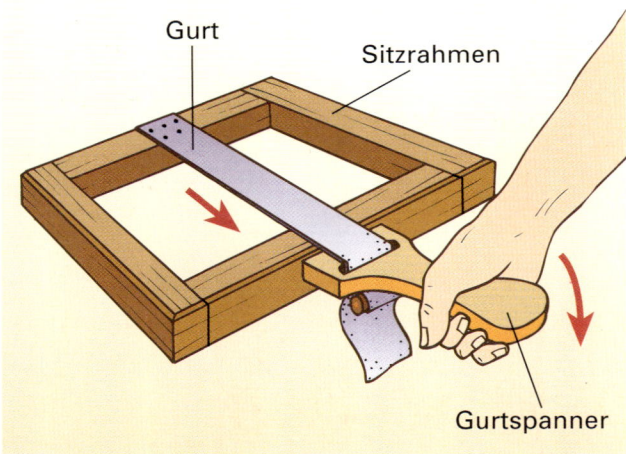

Gurt

Sitzrahmen

Gurtspanner

Einfach und schnell läßt sich der abgebildete Gurtspanner selbst bauen. Ein unentbehrliches Hilfsmittel zum Aufziehen der Gurte

wird der Gurt über die vordere Querstrebe gespannt. Der Gurt muß stramm sitzen, darf jedoch nicht übermäßig stark angezogen werden.

In dieser Lage bringen Sie zunächst einmal drei Nägel an und entfernen anschließend den Gurtspanner. Mit hinreichender Zugabe für das Umschlagen wird der Gurt dann abgeschnitten und mit den restlichen beiden Nägeln nach dem zuvor beschriebenen W-Muster festgemacht.

Nachdem der mittlere Gurt aufgezogen ist, werden rechts und links jeweils auf den halben Längen zur Außenkante des Rahmens hin die beiden weiteren Gurte genauso aufgesetzt. Ist das geschehen, lösen Sie die Schraubzwingen und machen den Sitzrahmen nach einer 90-Grad-Drehung wieder fest.

Senkrecht zur ersten Gurtreihe beginnt man nun die zweite aufzuziehen.

Sie beginnen wie im ersten Arbeitsgang mit dem mittleren Gurt. Er wird über den ersten querliegenden hinweg, unter dem nachfolgenden hindurch und über den dritten hin zur hinteren Rahmenstrebe gezogen und darauf befestigt.

Haben Sie auch die beiden restlichen Gurte im gegensinnigen Flechtgang angebracht, dann können Sie sich der Bespannung des Sitzrahmens zuwenden.

Die neue Polsterung beginnen Sie mit dem Aufziehen der Gurte

Für die Befestigung der Gurte auf dem Sitzrahmen sind fünf Polsternägel von ungefähr 20 mm Länge erforderlich. Sie werden versetzt zueinander so eingeschlagen, daß sie die Eckpunkte des Buchstaben W bilden. Bei dieser Anordnung spaltet sich das Holz nicht.

Gurtspanner einsetzen

Jute ist ein grobes, aus Bastfasern gefertigtes Gewebe

Jetzt führen Sie den Gurt in einer Schlaufe durch die Öffnung des Gurtspanners, stecken den Holzbolzen durch die Schlaufe und straffen den Gurt. Durch Aufsetzen des Gurtspanners auf den Sitzrahmen und eine Abwärtsdrehung

Juteschicht befestigen

Im nächsten Arbeitsschritt legen Sie über die Gurte eine Schicht Jutegewebe. Der grobmaschige Stoff wird seiner Struktur nach parallel zu den Rahmenstreben ausgerichtet und zuerst jeweils in deren Mitte mit Nägeln angeheftet.
Wenn der Sitz der Jute stimmt, schneidet man sie mit einer Zugabe über die Rahmenkanten hinaus ringsum ab, schlägt sie nach innen ein und befestigt sie in Abständen von zirka 4 bis 5 cm mit Nägeln.

Roßhaar aufschichten

Zur Befestigung der nun folgenden Roßhaarauflage werden über der Juteschicht Halteschlingen eingearbeitet.
Dafür ziehen Sie von einer der Rahmenecken aus – um etwa eine Handbreite diagonal nach innen versetzt – einen dünnen, reißfesten Faden durch die Jute und verknoten ihn. Der Faden wird dann zur diagonal gegenüberliegenden Rahmenecke hin gezogen und auch dort im entsprechenden Abstand festgemacht. Zwischendurch verankern Sie ihn mit einem kurzen Einstich in der Mitte der Sitzfläche.
Legen Sie die Schlingen dieses Fadens und der weiteren Fäden so an,

Gurte

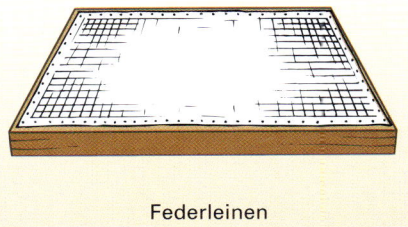

Federleinen

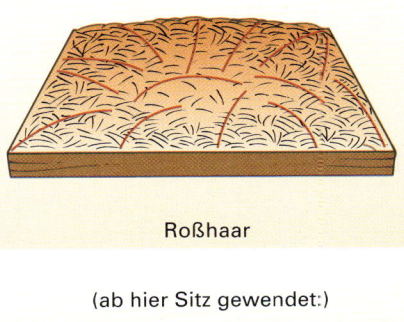

Roßhaar

(ab hier Sitz gewendet:)

Nessel

Bezugsstoff

Ansicht der einzelnen Arbeitsphasen vom Aufziehen der Gurte bis zur fertigen Bespannung eines Einlegesitzes

Wenn das Roßhaar nicht zu strapaziert ist, kann es wieder verwendet werden

daß die flach untergeschobene Hand darin Platz findet. Über Kreuz zu dem ersten Faden wird der nächste zwischen den beiden anderen Rahmenecken eingearbeitet. Den Diagonalfäden folgen vier weitere mit leicht verminderter Schlingenweite parallel zu den Rahmenseiten um den Sitz herum.

Unter diese Halteschlingen und rings um die Schlingen können Sie jetzt die aufgelockerten Roßhaarbündel über die gesamte Sitzfläche hinweg und dicht an dicht zu einer geschlossenen Schicht packen, deren Lage durch die Fäden fixiert wird.

Die Roßhaarauflage muß, bevor sie unter der folgenden Nesselschicht verschwindet, durch entsprechendes Nacharbeiten in eine stofflich gleichmäßige und geometrisch ebene Form gebracht werden.

Nesselbezug befestigen

Zum Abdecken des Roßhaares schneiden Sie sich ein Stück Nesselstoff zu, das die Sitzgröße ringsum etwa 5 cm überragt. Wenden Sie den Rahmen und legen Sie ihn zentriert auf die Stofffläche. Zuerst werden die mittleren Bereiche der Seitenränder um den Rahmen geschlagen und angeheftet, wofür statt Hammer und Nägeln auch ein Tacker geeignet ist.

Kontrollieren Sie vor der Befestigung des Stoffes auf dem Rahmen immer die korrekte Abgrenzung der Roßhaarfüllung in bezug auf die Seitenflächen des Rahmens. Um die spätere Paßfähigkeit der Sitzeinlage nicht zu beeinträchtigen, dürfen zwischen Nessel und Rahmen keine Materialüberstände eingeschlossen werden.

An den Sitzecken wird der Stoff diagonal zur Mitte gezogen, in einem Punkt auf dem Rahmen befestigt und rechts und links davon mit einem Einschnitt versehen. Die so entstehenden Stoffwinkel werden parallel zu den Rahmenkanten glattgezogen und – einander überlappend – festgeheftet. Abschließend schneiden Sie entlang der Innenkanten des Rahmens den überstehenden Nesselbezug ab.

Bezug aufspannen

Der Bezugsstoff wird in der gleichen Weise aufgespannt wie die vorausgehende Lage Nessel. Beginnen Sie mit den jeweils gegenüberliegenden Seitenrändern, und arbeiten Sie immer von der Mitte aus auf die Ecken zu. Dabei kommt es auf eine genaue Lageanpassung von Sitzrahmen und Bezug an. Zum einen muß vermieden werden, daß der Bezugsstoff Falten wirft, andererseits verlangen vor allem gemusterte Stoffe seitenparallele Orientierung.

Als Polstereinlage eignen sich z. B. auch Schaumstoffe

Wenn der Bezugsstoff auf dem Rahmen des Sitzes befestigt ist, werden	die Ränder entlang der Innenkante abgeschnitten
Für einen erneuerungsbedürftigen Sitzrahmen werden die Maße am Gestell abgenom-	men und unter Berücksichtigung des späteren Bezuges zugeschnitten

Nessel ist ein einfacher, ungebleichter Baumwollstoff

Es empfiehlt sich, den Stoff zunächst nur provisorisch anzuheften. Sie können später, wenn Sie sich über den korrekten Sitz vergewissert haben, die Polsternägel fest einschlagen.

Sitzrahmen erneuern

Ein verzogener oder instabil gewordener Sitzrahmen wird am besten durch einen neuen ersetzt. Die Maße werden von dem schadhaften Rahmen oder mit Hilfe des Gestells direkt auf Hartholzlatten übertragen. An den Ecken genügt eine einfache Überblattung, wobei jedes Lattenende je zur Hälfte abgesetzt wird. Wer sich in einer durchgehenden Schlitz-Zapfen-Verbindung üben möchte, kann auch diese etwas aufwendigere Rahmeneckverbindung wählen.

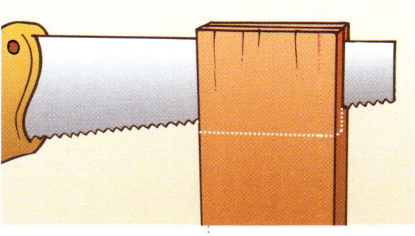

Klinken Sie an den Rahmenhölzern jeweils die	Hälfte der Holzdicke auf Rahmenholzbreite aus

Die beidseitig ausgeklinkten Rahmenhölzer werden	zu einer Sitzeinlage verleimt

8

Flechten

Wenn es drunter und drüber geht

Fahrplan fürs Flechten

Das Flechtwerk von Stühlen weist zumeist stärkere Schäden als die Polsterungen auf. Kein Wunder also, daß zumindest Ausbesserungsarbeiten fast immer auf dem Programm stehen. Der Fahrplan wird – grob überschlagen – folgendermaßen aussehen:

● altes Geflecht entfernen,
● nach dem Freilegen das Gestell auf eventuell erkennbare Schäden überprüfen und diese beheben,
● Befestigungslöcher im Rahmen freimachen und auszählen,
● neues Geflecht aufziehen.

Das geschieht in der Reihenfolge:

● untere Lage Längsfäden,
● untere Lage Querfäden,
● obere Lage Längsfäden,
● obere Lage Querfäden,
● erste Serie Diagonalfäden,
● zweite Serie Diagonalfäden,
● Randfaden.

Ausgangsmaterial: Flechtfäden

Stuhlflechtrohre bzw. -fäden gibt es in verschiedenen Stärken und Tönungen im Fachhandel. Benötigen Sie für Ausbesserungen nur kleine Mengen, hilft vielleicht ein Korbmacher. Denn falls nur einige Stränge beschädigt oder gebrochen sind und sich das übrige Geflecht in gutem Zustand befindet, genügt eine Reparatur. Probleme wird allerdings die Farbgebung bereiten, weil neue Materialien den vorhandenen Ton kaum treffen werden. Benutzen Sie zum Abtönen Beize, und wählen Sie den Farbton etwas heller, weil er erfahrungsgemäß nachdunkelt.

Alte Geflechte entfernen

Stark beschädigte Sitzflächen werden Sie gänzlich erneuern müssen. Dazu schneiden Sie zuerst das alte Geflecht mit einem Messer aus dem Rahmen heraus. Daraufhin lassen sich die Überbleibsel in der Befestigungslöchern von der Unterseite her entfernen, indem man die Schlaufen mit einem spitzen Gegenstand aushebelt. Die offenliegenden Bohrungen werden mit einer dünnen Rundfeile oder einem dicken Draht durchstoßen und von verbliebenen Rohrresten befreit.

Das häufigste und haltbarste Flechtwerk ist das sechslagige Wiener Geflecht

Die Flechtrohrfäden werden aus Rotanstangen (asiatische Schilfpalmenart) hergestellt

Maße von Stuhlflechtrohren

Nr. 1	2	3	4	5
1,75 mm	2,0 mm	2,25 mm	2,5 mm	3,0 mm

Rohrstärken in der Praxis

Löcherzahl auf 10 cm	Flechtrohrstärke
12	1,75 mm
10	2,0 mm
9	2,25 mm
8	2,5 mm

Neue Geflechte aufziehen

Zählen Sie dann die Löcher auf der Vorderseite des Stuhles. In der Mitte des Rahmens wird mit dem neuen Geflecht begonnen.

Die unteren Längsfäden

Der erste Rohrfaden wird mit dem einen Ende von oben her in das mittlere Loch des vorderen Stuhlrahmens gesteckt, eine gute Handbreite lang hindurchgezogen und mit einem kleinen Holzpflock festgekeilt. Dann ziehen Sie das andere Fadenende durch das gegenüberliegende Loch an der Lehnenseite.

Zu trockenes Flechtrohr ist spröde. Es wird vor der Verarbeitung in Wasser getaucht und in ein feuchtes Tuch eingeschlagen

Bringen Sie den Faden, der weder durchhängen darf noch zu straff angezogen werden sollte, mit sanftem Zug parallel zur Sitzebene und fixieren Sie ihn wieder mit einem kleinen Pflock. Anschließend wird der Faden von unten her durch das nächste Loch rechts wieder zur Sitzfläche hochgezogen. Daß die linke, die matte Seite des Fadens dabei stets am Stuhlrahmen anliegen muß, daß er sich also nirgendwo beim Aufziehen verwinden darf, gilt auch für alle weiteren Arbeitsgänge. Ist der Faden vorsichtig gestrafft worden, wird der Haltekeil einfach aus dem vorausgehenden Loch gelöst und in das aktuelle Loch versetzt. Jetzt führt man den Faden wieder an der Vorderseite des Rahmens durch das nächste Loch rechts usw. Nach diesem vorgezeichneten Muster verfahren Sie, bis der Seitenrand des Rahmens erreicht wird und schließlich auch die andere Hälfte der Sitzfläche genauso bespannt ist.

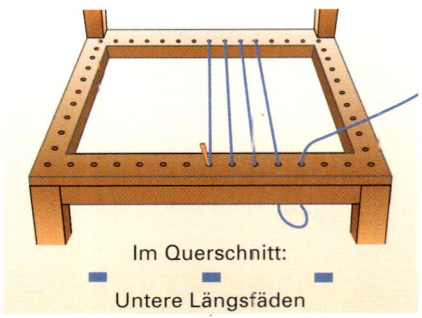

Im Querschnitt:

Untere Längsfäden

Das Flechtwerk wird von der Rahmenmitte her aufgezogen, beginnend mit der unteren Serie Längsfäden

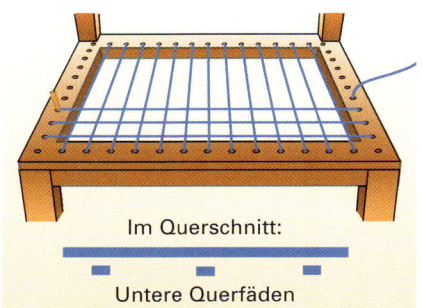

Im Querschnitt:

Untere Querfäden

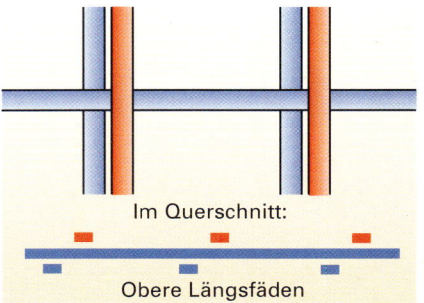

Im Querschnitt:

Obere Längsfäden

Die unteren Querfäden werden von der vorderen oder hinteren Rahmen- seite aus als zweite Lage über die un- teren Längsfäden geschichtet

Die oberen Längs- fäden laufen par- allel zu den unte- ren, einheitlich zu deren rechter oder linker Seite

Die unteren Querfäden aufziehen

Auf die zuvor beschriebene Weise fahren Sie nun fort mit der Quer- bespannung. Die erste Lage Quer- bahnen von Seite zu Seite wird über die ersten Längsbahnen hin- weg aufgezogen.

Von welcher Seite aus diese zweite Lage Fäden gespannt wird, bleibt Ihnen freigestellt. Ist auch dieser Arbeitsgang abgeschlossen, dann liegt bei korrekter Aus- führung und intaktem Stuhlrah- men ein doppellagiges, sich recht- winklig kreuzendes Gitter von Rohrfäden vor.

Die oberen Längsfäden

Nun folgt die zweite Lage von Längsbahnen, rechtwinklig über die gerade fertiggestellten ersten Querbahnen hinweg und parallel zu den darunterliegenden ersten Längsbahnen.

Diese weiteren Längsfäden wer- den seitlich versetzt zu den darun- terliegenden eingearbeitet. Sie können entweder zur Rechten oder zur Linken angeordnet werden. Wählen Sie die rechte Seite, so können Sie das hier be- schriebene Grundmuster weiter verfolgen und werden auch später beim Einziehen der Diagonalfäden nichts falsch machen.

Obere Querfäden einflechten

Waren die bisherigen Arbeitsgänge lediglich ein Aufeinanderschichten, so beginnt mit der zweiten, der oberen Lage Querfäden das eigent- liche Flechten. Die bislang noch gegeneinander verschiebbaren La- gen werden durch die obere Lage Querfäden nicht nur weiter ver-

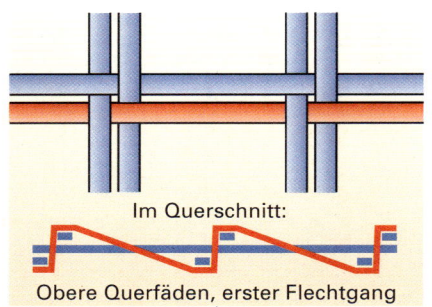

Im Querschnitt:

Obere Querfäden, erster Flechtgang

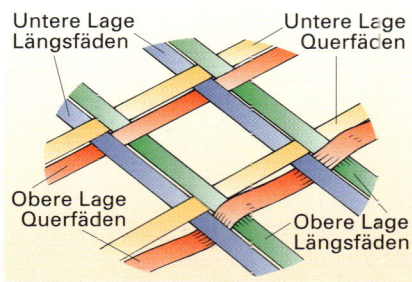

Untere Lage Längsfäden

Untere Lage Querfäden

Obere Lage Querfäden

Obere Lage Längsfäden

Im ersten Flecht-gang werden die oberen Querfäden

zwischen die Längsfäden hin-durch aufgezogen

So sieht das Flechtwerk aus, nachdem alle

Längs- und Quer-fäden aufgezogen wurden

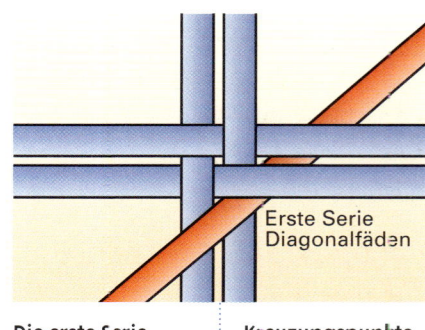

Erste Serie Diagonalfäden

Die erste Serie Diagonalfäden unterläuft und überquert ab-wechselnd die

Kreuzungspunkte der zuvor aufge-zogenen Längs- und Querfäden

stärkt, sondern durch abwech-selnde Unter- und Überführungen auch in ihrer Lage fixiert. Die spä-ter folgenden Diagonalfäden, die über Kreuz zueinander eingefloch-ten werden, stabilisieren diesen Zustand weiter und geben dem Ge-flecht einen festen Sitz. Doch blei-ben wir vorerst noch bei den oberen Querfäden. Sie werden, von einer der Rahmenseiten ausgehend, an den Schnittstellen mit den Längs-fäden jeweils über einen dieser Dop-pelstränge hinweg und unter dem darauffolgenden hindurch einheit-lich über den ganzen Sitz hinweg zur gegenüberliegenden Rahmen-seite eingeflochten. Legen Sie die oberen Querfäden vor die unteren.

Die erste Serie Diagonalfäden

Vom linken Eckloch aus führen Sie den ersten Diagonalfaden zum schräg gegenüberliegenden rech-ten Rahmeneck. Dabei werden die seine Bahn kreuzenden Längs- und Querstränge aus jeweils zwei Fäden abwechselnd über- und unterlaufen.

Trapezförmige Sitzflächen haben bei manchen Stühlen unterschied-liche Löcherzahlen im vorderen und hinteren Rahmenteil. In die-sem Fall wird der Diagonalfaden statt in das gegenüberliegende Eck-loch in das nächste oder übernäch-ste am Seitenrand eingefädelt. Am

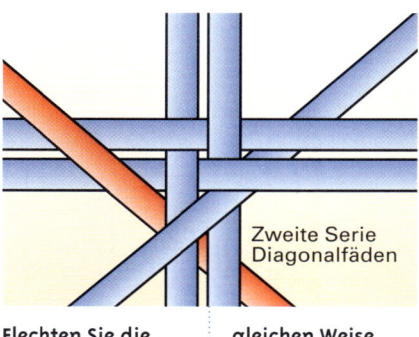

Zweite Serie
Diagonalfäden

Flechten Sie die zweite Serie Diagonalfäden in der | gleichen Weise und senkrecht zur ersten Serie ein | In schöner Regelmäßigkeit zeigt sich das Flecht- | werk, wenn alle Fäden aufgezogen sind

Wichtig: Die ersten Diagonalfäden sind dann richtig eingeflochten, wenn sie sich an den Kreuzungspunkten zwischen die vorderen (zweiten) Querfäden und die rechten (zweiten) Längsfäden schieben

besten vergewissern Sie sich anhand des alten Geflechts über die Lage der Diagonalfäden. Als grobe Orientierung dient dabei der 45-Grad-Winkel der Diagonalfäden.

Die zweite Serie Diagonalfäden

Diese Diagonalfäden verlaufen senkrecht zu den zuvor eingeflochtenen von rechts nach links. Sie unterlaufen und überqueren die Kreuzungspunkte der bereits eingeflochtenen Längs- und Quersträngen jeweils entgegengesetzt zu den Diagonalfäden der ersten Serie.

Einstiften und Randfaden anbringen

Wenn das Geflecht fertig aufgelegt ist, stabilisieren Sie es mit kleinen Holzpflöckchen, die in jedes

zweite Loch stramm eingeschlagen werden. Mit Hilfe der verbleibenden offenen Löcher wird dann noch ein Randfaden angebracht. Der Randfaden deckt die Flechtlöcher ab und wird einmal rund um das Flechtwerk geführt. Um diesen Abdeckfaden zu befestigen, fädeln Sie von der Unterseite des Sitzes her einen weiteren Faden durch die unverschlossenen Löcher, schlingen ihn um den Randfaden herum und ziehen ihn fest.

Die Flechtlöcher werden entweder ringsum eingestiftet oder aber mit einem Randfaden abgedeckt

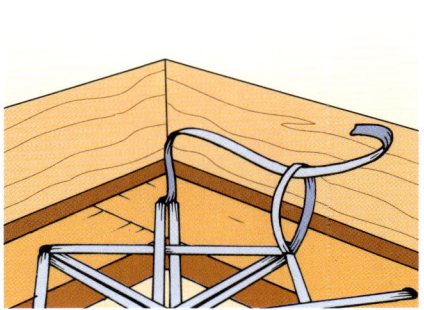

Sofern Sie abschließend einen Randfaden ringsum über die | Lochreihen legen, sieht das Arbeitsergebnis wesentlich gefälliger aus

9

Oberflächenbehandlung und Möbelpflege

Das Arbeitsergebnis abrunden

Die Schönheit des Holzes unterstreichen

Wenn Sie ein altes Möbelstück instand setzen, dann werden Sie es im allgemeinen nicht beim Sägen, Hobeln und Leimen bewenden lassen können. Um die aufgewendete Mühe auch recht zur Geltung zu bringen und die dekorative Wirkung des Holzes zu verstärken, um zugleich die Oberfläche vor äußeren Einflüssen zu schützen, ist eine abschließende und sorgfältige Oberflächenbehandlung zumeist unumgänglich. Für die Neubeschichtung oder Überarbeitung von Möbeloberflächen werden folgende Verfahren angewendet:

- Ölen,
- Wachsen,
- Beizen,
- Lasieren,
- Mattieren,
- Polieren,
- Lackieren.

Optik und Funktion

Bei der Oberflächenbehandlung von Holz stehen zwei Gesichtspunkte im Vordergrund: die optische Wirkung und die schützende Funktion. Die ästhetische Wirkung wird durch diejenigen Behandlungsmethoden betont, welche die natürliche Schönheit des Holzes hervorheben. Die mehr oder weniger ausgeprägte Schutzfunktion einer Beschichtung bezieht sich auf äußere Einflüsse wie beispielsweise Schmutz, Feuchtigkeit und Schädlingsbefall.

Holzwürmer bekämpfen und Wurmschäden beheben

Ältere Möbelstücke weisen oftmals die gefürchteten kleinen Bohrlöcher auf. Für den Hausgebrauch sind im Fachhandel Präparate er-

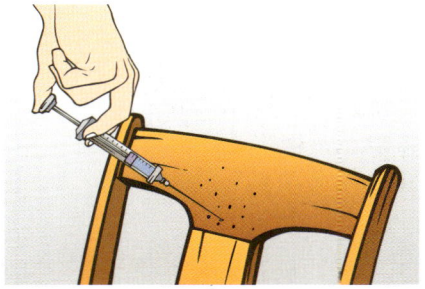

Gegen kleinere Holzwurmschäden wird mit gezielten Injektionen von

Schädlingsbekämpfungsmitteln in die Bohrlöcher vorgegangen

Beizen

● Chemisch wirkende Beizen

Diese Beizmittel werden als wäßrige Lösungen von Kaliumdichromat, Kaliumpermanganat, Kupfer- oder Eisensalzen auf das Holz aufgetragen und gehen mit den Gerbstoffen des Holzes oder mit einer Vorbeize chemische Verbindungen ein.

Die dadurch entstehende Färbung ist abhängig von der Holzart, gewöhnlich dunkeln diese Beizen auch nach. Es entsteht ein positives Holzbild mit dunklen Jahresringen und hellem Weichholz.

● Farbbeizen

Farbbeizen sind Lösungen von Farbstoffen in Wasser (Wasserbeizen), in Ammoniak (Salmiakbeizen), in Spiritus (Spiritusbeizen) oder in Lösungen von verseiften Wachsen (Wachsbeizen).

Diese Beizmittel entsprechen in ihrer Farbe der Konzentration der Lösung, sie sind weniger lichtecht als die chemischen Beizen und ergeben ein negatives Holzbild (helle Jahresringe, dunkles Weichholz).

Mit der Oberflächenbehandlung können positive Merkmale hervorgehoben und negative abgeschwächt werden

hältlich, die man auf die Holzoberfläche aufträgt und für einige Zeit einwirken läßt.

Auch wenn sich vom Augenschein her der Befall in Grenzen hält, empfiehlt sich aus Sicherheitsgründen die Behandlung des ganzen Stuhles. Wird das Möbel bei der Prozedur zusätzlich mit einem Kunststoffsack umhüllt, so kommt das Mittel am besten zur Wirkung. Um die Löcher zu schließen, verwenden Sie am besten Holzkitt oder Wachskittstangen.

Stilvoll und sachgerecht aufarbeiten

Im allgemeinen wird und soll man bei der Aufarbeitung von Möbeln den ursprünglichen Zustand wiederherzustellen versuchen. Die eindrucksvollsten, unnachahmlichen Oberflächen entstanden und entstehen allerdings nicht von Menschenhand, sondern sind die Ergebnisse langanhaltender natürlicher Alterungsprozesse. Deshalb verdienen patinierte Naturtöne den möglichst weitgehenden Erhalt, sofern sich das Objekt in einem akzeptablen Zustand befindet.

Reinigen und Auffrischen von Oberflächen

Wenn Sie eine Chance sehen, die ursprüngliche Oberfläche zu erhalten und aufzufrischen, dann sollten milde Reinigungsverfahren am Anfang stehen. Weil trockene Arbeitsmittel wie weiche Lappen oder Bürsten kaum etwas bringen, werden Sie zumindest auf destilliertes Wasser oder eine Seifenlösung zurückgreifen müssen. Damit werden alle Flächen mit einem sauberen und fusselfreien, nicht zu nassem Tuch – gegebenenfalls mehrfach in kurzen Abständen – abgewischt. Für schwer zugängliche Ecken und Vertiefungen können entsprechende, nicht zu harte Hilfsmittel eingesetzt werden.

Chemikalien wohldosiert einsetzen

Sofern damit der gewünschte Erfolg nicht zu erzielen ist, müssen Sie stärkere Mittel einsetzen. Als wesentlich wirksamer werden sich zum Beispiel folgende Stoffe erweisen: Alkohol (Äthanol), Salmiakgeist, Essigessenz und Aceton. Sie lassen sich mit Wasser verdünnen, so daß sich Gemische von abgestufter Stärke aufbereiten lassen. Bei stark haftenden Verunreinigungen helfen mitunter Kompressen, wenn sie über einen längeren Zeitraum hinweg wirksam sind. Schließlich, aber wirklich zuletzt, kommen auch Terpentin oder Terpentinersatz sowie Benzin in Frage.

Bei starkem Holzwurmbefall empfiehlt es sich, mit einer Radikalkur den gesamten Stuhl zu behandeln

Im Zweifelsfall den Fachmann fragen

Wenn Sie sich der Wirkung des einen oder anderen Verfahrens nicht sicher sind, probieren Sie es an einer verdeckten Stelle des Möbelstückes aus. Der Erfolg im Ganzen läßt sich daraus jedoch nicht immer hinreichend abschätzen. Hier empfiehlt sich der Rat eines Fachmannes, zumindest bei wertvolleren Stücken, weil man eine Fehlentscheidung oft nur mit hohem Aufwand korrigieren kann.
Oft werden Sie jedoch wegen einer zu stark strapazierten Oberfläche zur Überarbeitung von Grund auf gezwungen sein. Dann müssen Sie sich mit einer Reihe von Arbeitsgängen vertraut machen, die zunächst auf die blanke, unverfälschte Oberfläche des Holzes zurückführt, um von neuem eine sachgerechte Konservierung vorzunehmen.

Abtragen alter Schichten

Schadhafte und erneuerungsbedürftige Holzbeschichtungen können entweder mechanisch oder chemisch entfernt werden. Manchmal werden Sie ohne Chemie nicht

Lacke

● **CN(Cellulose-Nitrat)-Lacke**

sind universell einsetzbar, schnelltrocknend, kratz- und abriebfest.

Sie waren lange Zeit Marktführer und werden gegenwärtig verdrängt von den PUR-Lacken und den umweltfreundlichen Hydro-Lacken.

● **PUR(Polyurethan)-Lacke**

sind Reaktionslacke, bestehend aus einem Gemisch von Lack und Härter. Sie liefern Flächen mit hoher Beständigkeit gegenüber mechanischen und chemischen Beanspruchungen.

● Hydro-Lacke sind fein dispergierte Kunstharze in Wasser, die nach Abdunsten des Wassers miteinander verschmelzen. Auch unter diesen Lacken gibt es bereits hochabriebfeste und chemisch und mechanisch widerstandsfähige Produkte.

Beim Säubern immer mit milden Reinigungsmitteln beginnen

oder nur sehr schwer zum Ziel kommen. Dazu zählen aber auch echte Naturprodukte wie Spiritus oder Salmiak. Grundsätzlich ist jedoch das mechanische Abtragen,

wo immer es möglich ist, dem Einsatz von Chemikalien vorzuziehen.

Beim Ablaugen der alten Oberflächen werden sehr aggressive Substanzen eingesetzt. Halten Sie sich bitte strikt an die Gebrauchsanweisung der Hersteller. Schützen Sie sich durch Gummihandschuhe und Schutzbrille.

Wachsen, beizen oder lackieren

Mit Wachsen, Beizen und Lacken lassen sich Oberflächen konservieren und färben. Beizen Sie den Stuhl, wenn unter der alten Schicht eine miserable Oberfläche zum Vorschein kommt. Andernfalls sollten Sie sich für den Naturton entscheiden.

Dann versiegeln Sie die Oberfläche einfach mit einem Wachs oder einem Klarlack. Der Stuhl ist dann problemlos zu pflegen, zudem läßt

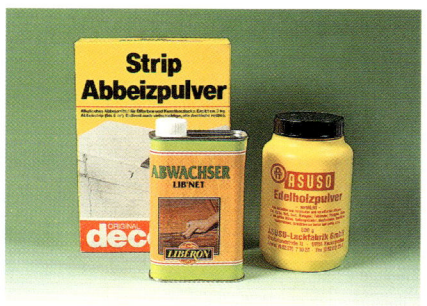

Bei der Vielzahl an Abbeiz-, Reinigungs- und

Bleichmitteln haben Sie die Qual der Wahl

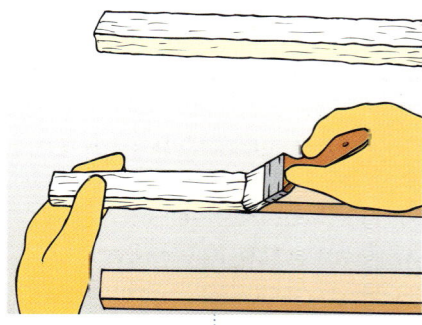

Satt aufgetragenes Abbeizmittel stellt sicher, daß es auf

der gesamten Oberfläche gut zur Wirkung kommt

sich die Beschichtung leicht auffrischen.

Mit Bienenwachs behandelt man Möbeloberflächen seit altersher. Heute gibt es auch Dekorwachse, die aushärten und dadurch wisch- und scheuerfest werden. Man bekommt sie in allen Naturholztönen. Die ursprünglichen Beizen färbten die Oberflächen durch chemische Reaktionen zwischen Holz und Beizmittel. Die Wirkung neuerer Beizen basiert auch auf Farbpigmenten, die das Material einfärben. Wir unterscheiden Wasserbeizen von Lösemittelbeizen. Bei den ersten hat man ein Pulver, das in Wasser gelöst wird. Beachten Sie, daß die Oberflächen aufquellen und man deshalb zwischenschleifen muß. Lösemittelbeizen sind weniger umweltfreundlich, aber einfacher zu verarbeiten.

Wollen Sie den Stuhl lackieren, dann stehen Ihnen Kunst- und Naturharzlacke in verschiedenen Farbtönen zur Verfügung. Beachten Sie, daß die umweltfreundlichen, leicht verarbeitbaren wasserlöslichen Acryllacke nicht ganz so hochbelastbar sind, wie die Alkydharzlacke.

Es gibt eine Vielzahl an Beizen, Lacken und Wachsen. Informieren Sie sich beim Fachhandel über deren Verarbeitungs- und Gebrauchseigenschaften, und entscheiden Sie anhand dieser Merkmale, welches Produkt für Ihren Zweck am besten geeignet ist.

Nach hinreichender Einwirkzeit kratzen Sie die aufgelösten Schichten samt

Abbeizmittel mit einer Spachtel von der Holzoberfläche

An Chemikalien wird nur eingesetzt, was unbedingt notwendig ist — auch Naturprodukte sind wirksame Chemikalien

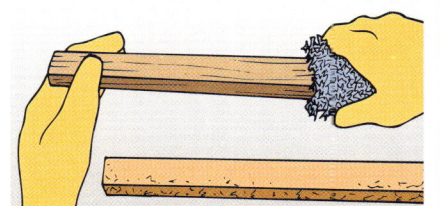
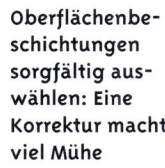

Abbeizmittel sind stark wirksame Chemikalien, da-

her muß man gründlich nachwaschen

Oberflächenbeschichtungen sorgfältig auswählen: Eine Korrektur macht viel Mühe

Vergewissern Sie sich bei der Vielzahl an Produkten zur Oberflächen-

behandlung, welche davon für Ihre Zwecke am besten geeignet sind

Register

Im FALKEN Verlag sind zahlreiche Titel zum Thema Holzbearbeitung erschienen.
Bitte fragen Sie in Ihrer Buchhandlung.

Die Deutsche Bibliothek – CIP-Einheitsaufnahme

Wilhelm, Ernst:
Alte Stühle aufarbeiten / Ernst Wilhelm. [Zeichn.: Axel Weiss] - Niedernhausen/Ts. : FALKEN, 1997.
(Do it yourself)
ISBN 3-8068-1732-4

ISBN 3 8068 1732 4

Umschlaggestaltung: Andreas Jacobsen
Layout: Peter Lohse, Büttelborn
Redaktion: Konrad Haase
Titelbild: Peter Udo Pinzer, Eppstein-Bremthal
Fotos: Archiv des FALKEN Verlags (S. 4 o., 20, 23, 25), **Peter Udo Pinzer,** Eppstein-Bremthal (S. 1, 6, 7, 8, 34, 72), alle übrigen **Wolfgang Blachnik** und **Ernst Wilhelm,** Görlitz
Zeichnungen: Axel Weiß, Obernbreit

Die Ratschläge in diesem Buch sind vom Autor und vom Verlag sorgfältig erwogen und geprüft, dennoch kann eine Garantie nicht übernommen werden. Eine Haftung des Autors beziehungsweise des Verlages und seiner Beauftragten für Personen-, Sach- und Vermögensschäden ist ausgeschlossen.

Produktion und Satz: VerlagsService Dr. Helmut Neuberger & Karl Schaumann GmbH, Heimstetten
Druck: Ernst Uhl, Radolfzell

817 2635 4453 6271

W0232949

DR. MED. ANDREA SCHMELZ

Allergien
bei Kindern

➤ Wie Sie am besten vorbeugen
➤ Ärztliche Behandlung und Selbsthilfe für Ihr Kind
➤ Die wichtigsten Tests kompetent bewertet

Inhalt

Ein Wort zuvor

Dieses Buch richtet sich an alle, die sich zum Thema Allergien bei Kindern informieren wollen. Besonders möchte ich jedoch den Eltern Mut machen, deren Kinder durch familiäre Vorbelastung ein erhöhtes Allergierisiko aufweisen oder aber bereits eine Allergie entwickelt haben. Anhand eines Fragebogens können Sie selbst das tatsächliche Risiko richtig einschätzen und durch Vorbeugung die Entstehung einer Allergie wirksam vermeiden. Bestehen bereits Beschwerden, läßt sich durch eine frühzeitige, gezielte Behandlung in der Regel eine deutliche Besserung erreichen.

Ein großer Teil des Buches befaßt sich deshalb mit vorbeugenden Maßnahmen, die Sie vom ersten Lebenstag Ihres Kind an selbst in der Hand haben: Verhalten während der Schwangerschaft, Ernährung, Körperpflege und Kleidung, Vermeidung von Allergieauslösern in der Wohnung sowie allgemeine Gesundheitsvorsorge im Rahmen von Infektionskrankheiten und Impfungen.

Was tun, wenn ein Allergieverdacht besteht oder die Allergie bereits bestätigt wurde? Angesichts verschiedenster Tests und Therapien sind Eltern oft überfordert. Hier möchte ich Ihnen Entscheidungshilfen geben, wie Sie in Zusammenarbeit mit Ihrem betreuenden Arzt/Ihrer Ärztin die für Ihr Kind bestmögliche Behandlung finden. Checklisten helfen den Blick für Allergiesymptome und -auslöser zu schärfen und informieren über die Vor- und Nachteile von Allergietests – vor allem auch in Bezug auf das Alter des Kindes.

Ein weiterer Schwerpunkt liegt auf den Therapiemethoden: An erster Stelle steht die Vermeidung der Allergene, gefolgt von Hyposensibilisierung, Medikamenten und Begleitmaßnahmen. Dabei kommen sowohl Nutzen als auch Risiken zur Sprache. Im Sonderteil Praxis Spezial mit den vier wichtigsten allergischen Krankheitsbildern Asthma, Heuschnupfen, Neurodermitis und Magen-Darm-Beschwerden finden Sie jeweils gezielte Test- und Therapiemethoden, die auch spezielle Probleme im Umgang mit Kindern einschließen.

Tips für den Allergiealltag sowie ein Anhang mit hilfreicher Literatur und wichtigen Adressen runden das Buch ab. Ich hoffe, daß es dazu beiträgt, Sie in der Verantwortung für Ihr Kind zu unterstützen.

Dr. med. Andrea Schmelz

Allergien kurz erklärt

Allergien bei Kindern nehmen stetig zu – fast ein Drittel aller Kinder ist heute schon mehr oder weniger stark davon betroffen – , und besorgte Eltern suchen Rat und Hilfe. Wir möchten Ihnen die wichtigsten Informationen, die Sie brauchen, möglichst einfach und übersichtlich geben: Was genau ist eine Allergie und wie entsteht sie? Kann man bei Allergien vorbeugen? Welche Behandlungsmöglichkeiten gibt es heute? Welche sind besonders für Kinder geeignet? Auf den folgenden Seiten erfahren Sie, wie Sie Ihrem Kind mit vorbeugenden Maßnahmen und alltäglichen Hilfestellungen das Leben mit einer Allergie wesentlich erleichtern und die Beschwerden auf Dauer lindern können.

Was ist eine Allergie?

Das Wort »Allergie« stammt aus dem Griechischen und bedeutet ursprünglich »anders reagieren«, heute wird es im Sinne von »überempfindlich reagieren« gebraucht. Unter der Krankheit Allergie versteht man ein Fehlverhalten des Immunsystems: Es reagiert überempfindlich auf ansonsten harmlose Stoffe, die bei anderen Menschen keine Beschwerden auslösen.

Ein »Eigentor« des Immunsystems

Eine Abwehrreaktion gegen harmlose Stoffe

Allergische (Überempfindlichkeits-) Reaktionen können – je nach dem zugrunde liegenden Mechanismus – in vier verschiedene Formen eingeteilt werden. Die auch bei Kindern häufigste Form ist die sogenannte Sofortreaktion. Dabei spielt ein Abwehrstoff im Blut, das Immunglobulin E (IgE), eine wichtige Rolle. Allergiker bilden eine zu große Menge an IgE.

Die durch das IgE ausgelösten Sofortreaktionen treten innerhalb von wenigen Minuten bis Stunden nach dem Allergenkontakt auf. Sie können milde, aber auch sehr heftig ablaufen und beispielsweise Heuschnupfen, Hautausschläge oder Asthma hervorrufen. Im Extremfall kann die Reaktion so heftig sein, daß ein allergischer (anaphylaktischer) Schock ausgelöst wird, der sofort ärztlich behandelt werden muß.

Jeder Allergiker reagiert anders

Was ist ein Allergen?

Die Stoffe, die unser Immunsystem reizen und eine Allergie auslösen, nennt man Allergene. Die bekanntesten Allergene sind Blütenpollen, Tierhaare, Hausstaubmilben, Schimmelpilze und Lebensmittel. Jeder Allergiker reagiert wieder auf andere Stoffe, deshalb ist eine der wichtigsten Voraussetzungen für eine sinnvolle Behandlung, das individuelle Allergen herauszufinden. Inzwischen sind an die 20.000 verschiedene allergene Substanzen bekannt. Biochemisch gesehen sind die meisten von ihnen an sich harmlose Eiweißstoffe, die der Körper aber plötzlich für einen »Feind« hält und heftig bekämpft.

Das passiert im Körper

Es gibt im Körper sowohl auf den Schleimhäuten (Augenbindehaut, Nasen-, Bronchial- und Darmschleimhaut) als auch in der Haut sogenannte Mastzellen, die für die allergische Reaktion verantwortlich sind. In diesen wird, neben vielen anderen Substanzen, der entzündungsauslösende Botenstoff Histamin gebildet und gespeichert. Die untenstehende Zeichnung zeigt den Ablauf einer allergischen Reaktion.

● Immunzellen bilden beim ersten Kontakt mit dem Allergen die schon erwähnten IgE-Moleküle. Diese erkennen jeweils ein ganz bestimmtes Allergen wieder und werden deshalb auch als »spezifisches IgE« bezeichnet. Ein Beispiel: Ein IgE-Molekül, das Birkenpollen erkennen kann, reagiert nicht auf Gräserpollen (Bild oben).

Das IgE ist an allem schuld

● Die IgE-Moleküle lagern sich an der Oberfläche von Mastzellen an. Wenn nun der allergieauslösende Stoff – das Allergen – auf eine mit IgE-Molekülen »gespickte« Mastzelle trifft, entsteht eine Verbindung zwischen dem Allergen und seinem spezifischen IgE, so wie ein Schlüssel ins Schloß paßt. Dabei verbindet sich ein Allergenmolekül jeweils mit zwei dazu passenden IgE-Molekülen und bildet eine Brücke (Bild Mitte).

● Durch die »Überbrückung« von zwei IgE's wird eine heftige Reaktion ausgelöst: Die Zellwand der Mastzelle platzt auf, und die gespeicherten Botenstoffe, allen voran das Histamin, werden freigesetzt (Bild unten).

Histamin ist ein Botenstoff

Eigentlich harmlose Stoffe lösen bei Allergikern eine heftige Reaktion des Immunsystems aus.

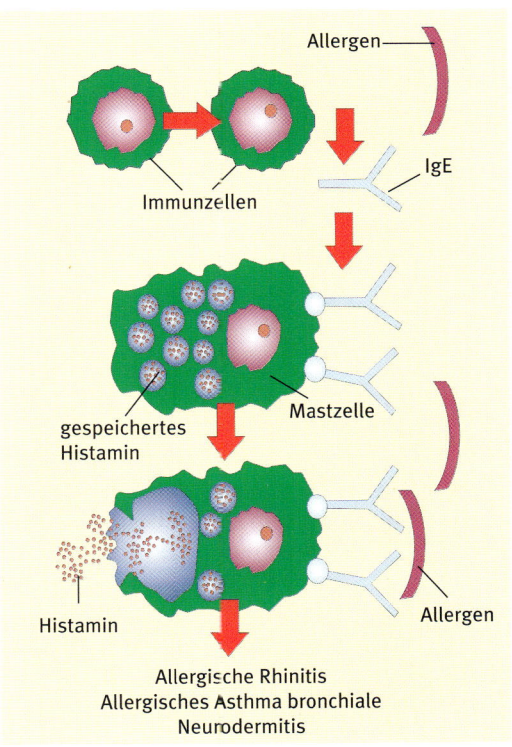

Allergen

IgE

Immunzellen

gespeichertes Histamin

Mastzelle

Histamin

Allergen

Allergische Rhinitis
Allergisches Asthma bronchiale
Neurodermitis

Die Folgen an Haut und Schleimhäuten sind schnell zu spüren: Rötung und Schwellung der Haut, starker Juckreiz oder Brennen und an den Schleimhäuten Sekretbildung wie Augentränen, Niesen, laufende Nase oder Verschleimung der Bronchien.

Es gibt auch verzögert ablaufende allergische Reaktionen, die erst nach Stunden oder Tagen auftreten. Diese werden durch ein anderes Immunglobulin, das IgG, vermittelt. Kann man bei Sofortreaktionen den Allergieauslöser noch relativ einfach feststellen, ist das bei den verzögerten Reaktionen schon sehr viel schwieriger. Im Kindesalter sind diese Formen allerdings selten.

Verzögerte Reaktionen sind selten

Wie entwickelt sich eine Allergie?

Damit eine Allergie entsteht, ist eine Sensibilisierung erforderlich: Der Körper muß mit dem allergieauslösenden Stoff (Allergen) einmal in Kontakt gekommen sein. Das Allergen kann auf die Haut gelangen (etwa als Creme), eingeatmet werden (wie Blütenpollen) oder auch verschluckt werden (in Nahrungsmitteln). Beim ersten Mal passiert zunächst nichts, da der Körper noch keine spezifischen IgE-Antikörper gebildet hat und das Allergen noch nicht erkennt. Nach dem Erstkontakt kann jedoch bei allergisch veranlagten Kindern die Produktion von spezifischem IgE einsetzen. Bei einem zweiten Kontakt läuft dann die oben beschriebene allergische Reaktion ab, und die Beschwerden beginnen.

Der erste Kontakt ist noch harmlos

Pseudoallergien – der Schein trügt

Manchmal treten auch schon beim ersten Kontakt mit bestimmten Substanzen Beschwerden auf, die einer allergischen Reaktion zum Verwechseln ähnlich sehen. Man bezeichnet sie daher als Pseudoallergien. Es handelt sich um Unverträglichkeitsreaktionen meist gegen Medikamente, Farb- und Konservierungsstoffe oder chemische Substanzen. Sie alle können Mastzellen zum Platzen bringen und Histamin freisetzen, ohne daß IgE mit im Spiel ist.

Ähnlich, aber nicht gleich

Auch bestimmte Nahrungsmittel, die von Natur aus viel Histamin enthalten, können pseudoallergische Reaktionen auslösen. Dazu gehören Rotwein, Fisch (besonders, wenn er nicht mehr ganz frisch ist), Käse und Sauerkraut. Bei einem Bluttest läßt sich das für eine Allergie typische IgE nicht nachweisen (Seite 52), denn es ist an dieser Reaktion nicht beteiligt.

Eine Krankheit mit vielen Gesichtern

Je nachdem auf welchem Weg das Allergen in den Körper gelangt, unterscheidet man verschiedene Arten von Allergien, denn häufig treten die allergischen Beschwerden genau dort auf, wo der Kontakt stattfindet. Bei einer Inhalationsallergie kommen etwa Blütenpollen über die Atemluft mit den Schleimhäuten der Atemwege in Kontakt, so daß Nasen- und/oder Bronchialschleimhaut betroffen sind. Andere Kontaktstellen sind der Magen-Darm-Trakt (bei Nahrungsmittel- oder Medikamentenallergien) oder die Haut (bei Kontaktallergien). Die Insektengiftallergie ist ein Sonderfall, hier wird das Allergen mit dem Stachel in die Haut gespritzt.

Kontakt mit Haut und Schleimhäuten

Fast ein Drittel aller Kinder leidet heute an Allergien. Dies sind die häufigsten Auslöser.

Neurodermitis, Heuschnupfen, Asthma bronchiale

Die drei typischen allergischen Erkrankungen bei Kindern sind Neurodermitis (Seite 86), Heuschnupfen (Seite 84) und Asthma bronchiale (Seite 78). In schwierigen Fällen können diese drei sogar gleichzeitig vorliegen oder sich nacheinander entwickeln: Ein Kind hat als Säugling

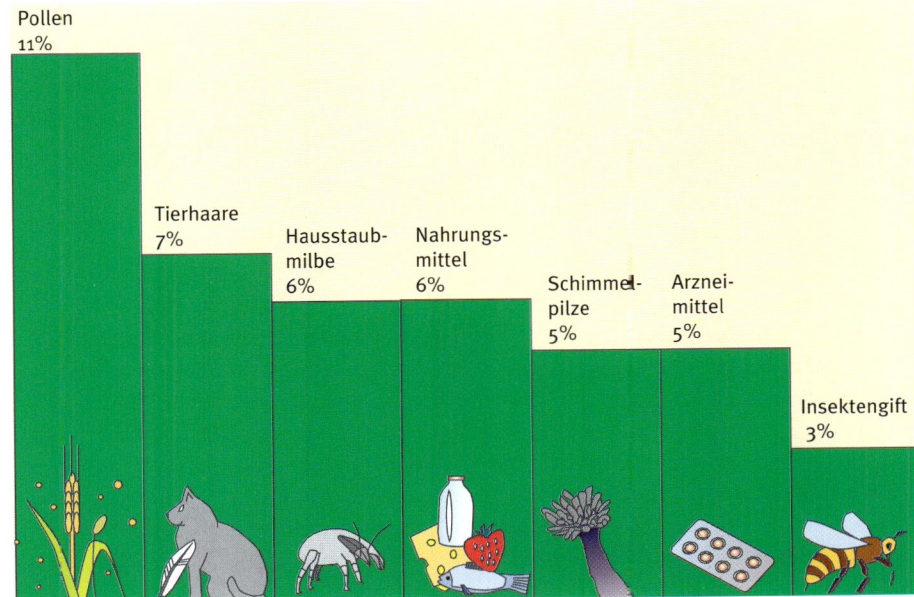

Pollen 11%

Tierhaare 7%

Hausstaubmilbe 6%

Nahrungsmittel 6%

Schimmelpilze 5%

Arzneimittel 5%

Insektengift 3%

Neurodermitis, die sich im Kleinkindalter zwar bessert, aber statt dessen tritt nun Asthma auf.

Häufige allergische Krankheiten Weitere allergisch bedingte Erkrankungen auch bei Erwachsenen sind die Nesselsucht (Urtikaria), die starken Juckreiz verursacht, das Quincke-Ödem mit Schwellungen von Augenlidern oder Lippen sowie das Kontaktekzem (häufig an den Händen).

Auch einige andere Krankheitsbilder können eine allergische Ursache haben. Kinder mit ständigen Magen-Darm-Beschwerden, Blähungen und Durchfällen, können eine Allergie gegen bestimmte Nahrungsmittel haben (Seite 90). Auch das sogenannte hyperkinetische Syndrom (Hyperaktivität bei Kindern) ist in manchen Fällen auf eine Allergie gegen Nahrungsmittel zurückzuführen. **Ist Ihr Kind übermäßig aktiv?**

Wie gefährdet ist mein Kind?

Die Veranlagung für eine Allergie ist in vielen Fällen ererbt: Allergische Eltern haben häufig auch allergische Kinder. Das Risiko eines neugeborenen Säuglings, im Laufe seines Lebens eine Allergie zu entwickeln, **Vererbung in der Familie** steigt mit der Anzahl seiner allergiekranken Familienmitglieder. Ist kein Verwandter allergisch, so beträgt das Risiko eines Kindes, eine Allergie zu bekommen, bei uns heute 5 bis 15 Prozent. Hat dagegen ein Elternteil oder eines der Geschwister eine Allergie, so steigt die Wahrscheinlichkeit bereits auf 20 bis 40 Prozent, sind beide Eltern betroffen sogar auf bis zu 60 Prozent.

Bei einer bekannten familiären Vorbelastung sollten Sie also damit rechnen, daß Ihr Kind zumindest allergiegefährdet ist.

Allergiefördernde Umweltfaktoren

Neben einer erblichen Veranlagung spielen auch andere Faktoren eine wichtige Rolle bei der Entstehung einer Allergie. Es ist unbestritten, daß Allergien in den Industrieländern ganz allgemein zunehmen – gerade auch bei Kindern. Viele Anzeichen deuten darauf hin, daß Umwelteinflüsse entscheidend an dieser Zunahme beteiligt sind. **Auch die Umwelt spielt eine Rolle**

● **Verkehrsabgase**, die zu einer erhöhten Ozonbelastung führen, gelten als begünstigende Faktoren für den Ausbruch einer Allergie.

● **Stickoxide und Ozon** fördern indirekt Pollenallergien. Pflanzen, die durch Belastung mit Ozon oder Dieselruß »im Streß« sind, bilden

Das Risiko einschätzen

Ist jemand in Ihrer Familie Allergiker? Dann erhöht sich das Risiko für Ihr Kind.

Mit dem folgenden Ankreuztest können Sie feststellen, wie hoch das familiäre Allergierisiko speziell für Ihr Kind einzuschätzen ist. Bereits ein Kreuz bedeutet eine erhöhte Wahrscheinlichkeit, ebenfalls zu erkranken. Mit vorbeugenden und schützenden Maßnahmen können Sie dieses Risiko aber eindeutig verringern und unter Umständen den Ausbruch einer Erkrankung verhindern.

	Mutter	Vater	Geschwister
Neurodermitis			
Allergischer Schnupfen/ Heuschnupfen			
Allergisches Asthma			
Nahrungsmittelallergie			

Abgase schaden Mensch und Natur

nämlich auf ihren Pollen vermehrt diejenigen Eiweißstoffe aus, die beim Menschen allergische Reaktionen auslösen. Außerdem lagern sich eine ganze Menge Luftschadstoffe (Schwebstaub und Rußpartikel) auf der Pollenoberfläche ab. Werden die Pollen eingeatmet, bleiben diese Schadstoffe in den Bronchien hängen und rufen dort Entzündungen hervor.

● **Luftschadstoffgemische**, die Schwefeldioxid enthalten, und Zigarettenrauch sind erwiesenermaßen ebenfalls allergiefördernde Substanzen.

● **Allergenquelle Wohnung:** Da wir uns etwa 80 bis 90 Prozent unseres Lebens in Innenräumen aufhalten, spielt unsere Wohnung eine ganz wichtige Rolle. Wärmedämmung, zu starkes Heizen, ungünstige Inneneinrichtung (etwa Teppichböden oder chemisch behandelte Baumaterialien, Seite 38) und Haustiere (Seite 30) erhöhen das Allergierisiko gerade bei Kindern.

Schadstoffe auch zu Hause

Luftschad-
stoffe in un-
seren Groß-
städten be-
günstigen
Allergien –
besonders
bei Kindern.

Was Sie für Ihr Kind tun können

Auch wenn Allergien zunehmen, muß man das noch lange nicht als
unabänderlich hinnehmen. Häufig kann auch einem familiär vorbela-
steten Kind das Auftreten einer Allergie erspart werden. Denn die Neigung, Allergien zu entwickeln, ist zwar zu einem großen Teil durch
Vererbung angelegt, ob jedoch tatsächlich eine allergische Erkrankung
auftritt, hängt auch von einer ganzen Reihe äußerer Einflüsse ab, die
Sie als Eltern mit Ihrem Lebensstil durchaus steuern können. Vorbeugung, Früherkennung und rechtzeitige Verhaltensänderungen spielen
daher eine wichtige Rolle für die Gesundheit Ihres Kindes.

Sie haben es in der Hand

Krankheitsverläufe beeinflussen

Die bei Kindern häufig auftretenden Allergieformen Neurodermitis,
Heuschnupfen oder Asthma verlaufen ohne Behandlung in der Regel
chronisch, das heißt die Neigung zu Allergien bleibt bis in das Erwach-
senenleben bestehen.
Manche Allergien bessern sich, wenn das Kind in die Pubertät kommt,
leider aber nicht immer. Es gibt auch die gegenteilige Entwicklung:
Die eine Allergieform klingt ab, dafür tritt eine andere auf. So können

In der Pubertät ist Besserung möglich

Kinder, die im Säuglings- und Kleinkindesalter Neurodermitis hatten, später mit einiger Wahrscheinlichkeit Asthma bekommen. Auch Heuschnupfen kann sich im Laufe der Zeit auf die Bronchien legen und dann zu Asthma werden; diesen Vorgang bezeichnet man als Etagenwechsel.
Doch Sie können Ihrem Kind helfen, diese Entwicklung abzumildern und ihm bei entsprechendem Verhalten auch den »Etagenwechsel« ersparen.

Vom Heuschnupfen zum Asthma

Wichtig ist eine konsequente Behandlung

Wenn Sie den Verdacht haben, daß Ihr Kind eine Allergie hat, suchen Sie unbedingt einen Arzt/eine Ärztin auf, der/die sich auf die Behandlung von Allergien spezialisiert hat. Wenn sich durch spezielle Tests der Allergieverdacht bestätigt (Seite 49), können Sie durch die entsprechende ärztliche Behandlung erreichen, daß Ihr Kind weniger oder gar nicht unter seinen allergischen Beschwerden zu leiden hat. Lassen Sie deshalb eine Allergie Ihrem Kind zuliebe nicht unbehandelt.
Die empfohlene Strategie ist eigentlich immer die gleiche: Das A und O jeder Behandlung ist es zunächst, den Allergieauslöser herauszufinden und dann konsequent zu vermeiden (Seite 43). In schwierigeren Fällen ist zusätzlich die regelmäßige Einnahme von Medikamenten unumgänglich (Seite 65).

Fahndung nach den Übeltätern

Nur nicht aufgeben

Eine Allergiebehandlung erfordert von Kind und Eltern eine intensive Mitarbeit, denn der tägliche Umgang mit allergischen Erkrankungen ist mit einigen Belastungen verbunden: Verzicht auf bestimmte Nahrungsmittel oder auch geliebte Haustiere, nächtliche Störungen durch Juckreiz oder Atemnot, regelmäßige Medikamenteneinnahme oder die Einhaltung von Diäten. Für die Eltern stellen notwendige Sanierungsmaßnahmen in der Wohnung oft eine zusätzliche finanzielle Belastung dar. Trotzdem lohnt sich der Einsatz aller Kräfte: Es ist fast immer möglich, die Krankheit in den Griff zu bekommen.

Der Einsatz lohnt sich immer

Fazit für ratsuchende Eltern

■ Die Neigung zu Allergien ist häufig erblich, aber Umweltfaktoren beeinflussen die Wahrscheinlichkeit, ob eine allergische Erkrankung ausbricht oder nicht. Durch die richtige Vorbeugung können Sie das Allergierisiko für Ihr Kind eindeutig vermindern.

Vorbeugung vermindert das Risiko

■ Achten Sie auf Hinweise, die auf eine Allergie deuten (zum Beispiel Dauererkältung). Bestehende Allergien sollten unbedingt behandelt werden, um eine Verschlimmerung zu verhindern (wie Wechsel von Haut zu Atemwegen).

■ Jedes Kind kann mit dem passenden Allergietest getestet werden. Da aber Auswahl und Bewertung der Tests gerade bei Kindern schwierig sind, wenden Sie sich zur Untersuchung an einen Facharzt/ärztin, die Erfahrung in der Untersuchung und Behandlung von Allergien haben (Allergologen).

Vertrauen Sie sich einem Facharzt an

■ Für jede Allergie gibt es eine wirkungsvolle Behandlung, die die Lebensqualität Ihres Kindes erhöht: durch Vermeidung des Allergieauslösers, durch gezielte Medikamente und durch wirksame begleitende Maßnahmen.

Sie können Ihr allergiegefährdetes Kind von klein auf vor der Erkrankung schützen.

■ Allergien sind leider chronische Krankheiten. Erwarten Sie nicht eine Therapie oder ein Medikament, die Ihr allergiekrankes Kind sofort, nebenwirkungsfrei und ein für allemal heilen könnten. Sie müssen zusammen mit Ihrem Kind viel Geduld haben und Ihren Alltag auf die Erkrankung einstellen.

■ Eltern allergiekranker Kinder sind oft enorm gefordert. Lassen Sie die Krankheit in Ihrer Familie nicht zum übermächtigen Thema werden, denken Sie auch an Ihre eigene Entlastung.

Kleiner Wegweiser durch das Buch

Je nachdem ob Ihr Kind bereits erkrankt ist oder ob Sie nur rechtzeitig vorsorgen wollen, brauchen Sie verschiedene Informationen, um das Richtige zu tun. Dieser Wegweiser hilft Ihnen, schnell das Wichtigste aufzufinden.

Was Sie für Ihr Kind von klein auf tun können
- Risikoeinschätzung mit dem Ankreuztest, Seite 13
- Vorbeugung vom ersten Tag an durch Allergenvermeidung:
  Ernährung, Seite 20
  Kleidung und Hautpflege, Seite 28
  Gestaltung von Kinderzimmer und Wohnung, Seite 30 und 36
  Gesundheitsvorsorge bei Infekten, Seite 39
- Warnsignale beachten:
  Checkliste verdächtiger Allergiesymptome, Seite 44

Vorbeugung in der täglichen Umgebung

Was Sie bei Allergieverdacht tun sollten
Den Auslösern aus dem Weg gehen
- Allergensuche durch altersgemäße Allergietests:
  Checkliste: Welche Allergieauslöser kommen in Frage?, Seite 46
  Allergietests im Überblick, Seite 49
  Mit dem Kind beim Allergietest, Seite 47

Was Sie tun können, wenn Ihr Kind bereits eine Allergie hat
- Erfolgreiche Behandlungsstrategien:
  Allergenvermeidung, Seite 57
  Medikamente, die helfen, Seite 65
  Hyposensibilisierung, Seite 62
  Begleitende Maßnahmen, Seite 70
  Notfall-Medikamente, Seite 69
- Praxis Spezial – Wichtige Krankheitsbilder:
  Asthma bronchiale, Seite 78
  Heuschnupfen/Allergischer Schnupfen, Seite 84
  Magen-Darm-Störungen, Seite 90
  Neurodermitis, Seite 86
- Tips für den Allergiealltag, Seite 74

Den Alltag meistern

Kinder vor Allergien schützen

Allergien bei Kindern müssen nicht sein: Mit der richtigen Ernährung von klein auf, mit geeigneter Körperpflege und Kleidung, überlegter Kinderzimmereinrichtung und allgemeiner Gesundheits- vorsorge können Sie Ihre Kinder schützen – in diesem Kapitel erfahren Sie, wie. Checklisten helfen Ihnen, Allergiesymptome zu erken- nen. Falls Sie unsicher sind, welcher Allergietest für Ihr Kind der richtige ist, finden Sie hier einen Überblick: die häu- figsten Testmethoden, für wel- ches Alter sie geeignet sind, ob sie weh tun und was die Ergeb- nisse bedeuten.

Allergien von klein auf vorbeugen

Unsere Babys werden heute in eine wenig kindgerechte Welt geboren, und schon der erste Atemzug ist selten schadstoffrei. Trotzdem besteht kein Grund zur Resignation.

Die Wahrscheinlichkeit, daß ein Kind mit erhöhtem Allergierisiko auch wirklich eine allergische Erkrankung bekommt, ist um so niedriger, je mehr vorbeugende Maßnahmen getroffen werden. Während der ersten drei bis fünf Lebensjahre kann die Allergiehäufigkeit um etwa die Hälfte gesenkt werden, wenn bestimmte Verhaltensregeln beachtet wer-

den. Unter Umständen hält sogar die positive Wirkung vorbeugender Maßnahmen bis ins Erwachsenenalter an.

Im Folgenden finden Sie Tips zur Vorbeugung, die alle Bereiche des Alltags einschließen: Ernährung, Körperpflege, Kleidung, Wohnraumgestaltung, aber auch Impfungen und Vorsorge bei Erkältungskrankheiten.

Stillen Sie Ihr Baby mindestens ein halbes Jahr. Das ist der beste Schutz vor Allergenen.

Tips zur Vorbeugung für große und kleine Kinder

Die richtige Ernährung von Anfang an

Allergievorbeugung beginnt schon mit der Muttermilch, denn Stillen ist die beste, natürlichste und ausgewogenste Form der Ernährung für einen Säugling.

● Muttermilch ist genau auf den Bedarf an Nährstoffen, Vitaminen und Mineralstoffen des Neugeborenen abgestimmt.

● Sie enthält Immunfaktoren, die das Baby vor Infektionen schützen und sein eigenes Immunsystem anregen.

● In der Muttermilch sind spezielle Wirkstoffe, die die Darmflora des Säuglings aufbauen, die sich erst langsam an die Nahrung gewöhnen muß.

Muttermilch enthält alles, was das Baby braucht

Muttermilch ist der beste Schutz

Muttermilch ist für das Baby allergenarm, da das darin enthaltene Eiweiß von seinem Darm gut verdaut werden kann. Anders ist das mit Flaschennahrung auf Kuhmilch- oder Sojabasis, die große Mengen an Fremdeiweiß enthält, auf das der Darm des Neugeborenen noch nicht eingestellt ist.

Das liegt daran, daß Babys in den ersten Lebensmonaten noch nicht genügend eigenes Immunglobulin A bilden können, einen wichtigen Schutzstoff, der auf allen Schleimhäuten des Körpers vorhanden ist und Krankheitserreger, aber auch fremdes Eiweiß auf der Darmschleimhaut ab-

IgA schützt den Darm und die Schleimhäute

fängt und unschädlich macht. Muttermilch enthält große Mengen an Immunglobulin A. Einem Baby, das nur mit der Flasche ernährt wird, fehlt zum einen dieser Stoff. Zum anderen nimmt es große Mengen an Fremdeiweiß auf, die dann besonders bei allergiegefährdeten Kindern leicht zur Entwicklung von Nahrungsmittelallergien führen können.

Muttermilch enthält zwar auch ganz geringe Mengen Nahrungseiweiß von Nahrungsmitteln, die die Mutter gegessen hat, doch führt dies normalerweise nicht zu allergischen Reaktionen. Durch diese geringen Mengen kann das Immunsystem des Kindes vielmehr »trainieren« und sich langsam daran gewöhnen.

Fremdes Eiweiß schadet dem Darm des Babys

TIP!

Vorbeugung schon in der Schwangerschaft

Falls Sie selbst Allergikerin sind oder vermuten, daß Ihr Baby allergiegefährdet ist, sollten Sie schon während der Schwangerschaft auf einige Dinge achten.

● Gestalten Sie das Schlafzimmer und nach Möglichkeit auch die übrige Wohnung so, daß Sie in dieser Zeit mit möglichst wenig allergieauslösenden Stoffen in Berührung kommen (Seite 30).

● Verzicht auf Alkohol und Zigaretten sollte in der Schwangerschaft selbstverständlich sein – nicht nur bei allergiegefährdeten Ungeborenen.

● Eine besondere Diät müssen Sie während der Schwangerschaft nicht einhalten. Sie sollten sich aber in jedem Fall ausgewogen ernähren: Frisches Obst und Gemüse decken den in dieser Zeit erhöhten Vitamin- und Mineralstoffbedarf.

● Die Einnahme von Eisenpräparaten, Jod oder Kalzium kann als Nahrungsergänzung sinnvoll sein, aber bitte nur in Absprache mit Ihrem Arzt/Ihrer Ärztin.

So klappt das Stillen

Im Grunde kann jede Mutter ihr Kind stillen, auch wenn dazu manchmal ein bißchen Hilfe nötig ist. Hebammen oder erfahrene Krankenschwestern können gerade in den ersten Tagen wertvolle Tips geben. Vielleicht hilft es Ihnen, sich einer Stillgruppe der La-Leche-Liga anzuschließen (Adressen, Seite 92) oder einen guten Ratgeber zum Thema zu lesen (Bücher, Seite 93).

Haben Sie in den ersten Tagen Geduld

▶ Es ist normal, daß in den ersten Tagen nach der Entbindung zunächst nur wenig Milch gebildet wird. Diese anfängliche Milch wird Vormilch oder Kolostrum genannt und enthält besonders viel Immunglobulin A.

▶ Legen Sie Ihr Baby in der ersten Zeit immer dann an die Brust, wenn es hungrig ist und schreit, also auch nachts. Durch häufiges Saugen wird die Milchbildung gefördert. Um sie maximal anzuregen, sollten Sie Ihr Baby immer abwechselnd an beiden Brüsten, aber nicht länger als je 10 Minuten, anlegen.

Saugen fördert die Milchbildung

▶ Babys mit erhöhtem Allergierisiko sollten mindestens fünf, besser noch sechs Monate lang voll gestillt werden. Die Zufütterung von Beikost während dieser Zeit ist unnötig und verbessert nicht die Ernährungsqualität, sondern erhöht nur das Allergierisiko.

▶ Wahrscheinlich haben Sie schon gehört oder gelesen, daß sich in der Muttermilch fettlösliche Schadstoffe anreichern können, die das Baby beim Stillen mit aufnimmt. In den ersten sechs Lebensmonaten überwiegen jedoch trotz möglicher Schadstoffbelastung in jedem Fall die positiven Effekte der Muttermilch.

TIP!

Der Wirkstoff Gamma-Linolensäure ist eine der vielen Hundert Substanzen, die die Muttermilch für das Neugeborene bereithält. Sie ist wichtig für den Aufbau eines gesunden Immunsystems. Falls Sie selbst aber unter einer Neurodermitis leiden, könnte in Ihrer Muttermilch zuwenig dieser wichtigen Substanz enthalten sein. Dieser Mangel kann durch die Einnahme von Kapseln behoben werden. Fragen Sie Ihren Arzt/Ihre Ärztin danach.

Das »heimliche« Fläschchen

Direkt nach der Geburt haben die meisten Mütter noch keine Milch. Bis die erste Muttermilch einschießt, vergehen in der Regel nur einige Stunden, selten Tage. Diese Zeit kann bei einem gesunden Baby ohne weiteres mit ungesüßtem Tee oder auch einer Maltodextrinlösung (enthält kein Eiweiß) überbrückt werden.

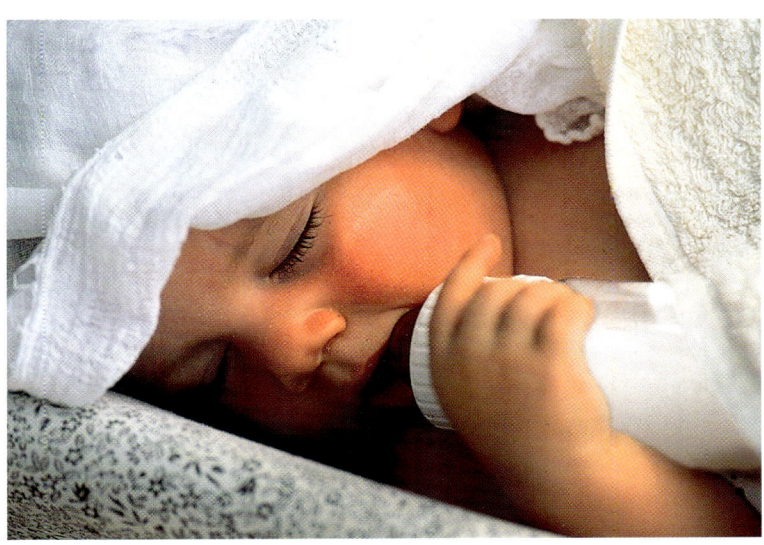

Auch wenn es praktisch ist: Verzichten Sie so lange wie möglich auf Fläschchennahrung.

Doch leider wird auch heute noch auf manchen Entbindungsstationen den Babys in dieser Zeit Flaschenfertignahrung gegeben, obwohl es ihnen nicht gut tut. Auch erhalten sie nachts oft ein Fläschchen, wenn es zu aufwendig scheint, das Baby der Mutter zum Stillen zu bringen. Auf diese Weise kommt das Neugeborene zu früh mit Fremdeiweiß in Kontakt, und die Gefahr einer Allergie erhöht sich.

Mit dem Baby in einem Zimmer

▶ Beugen Sie dem vor, indem Sie Ihr Baby bei sich im Zimmer behalten (Rooming-in). Falls dies nicht möglich ist, sollten Sie die Schwestern darauf hinweisen, daß Sie eine Zufütterung mit Flaschennahrung auf Kuhmilch- oder Sojabasis nicht wünschen.

Warum schadet Fläschchennahrung?

Fertige Säuglingsnahrung enthält Nahrungseiweiß, das ein Neugeborenes in den ersten Lebenstagen noch nicht vollständig verdauen kann. Die Darmschleimhaut des Babys ist noch sehr durchlässig, und so tritt das unverdaute Eiweiß in den Körper des Kindes über. Hier kann es als Allergen wirken und das Baby sensibilisieren (Seite 9). Problematisch wird es dann, wenn das Kind nach der Stillperiode mit diesem Fremdeiweiß (meist Kuhmilch) erneut in Kontakt kommt. Dann treten die ersten Krankheitssymptome, meist Hautekzeme, auf.

Kein Fläschchen in den ersten Tagen

Allergenarme Babynahrung

Wenn Ihr Baby durch familiäre Vorbelastung ein sehr hohes Allergierisiko hat oder wenn Sie erste Anzeichen einer Allergie vermuten, kann es von Vorteil sein, wenn Sie in der Stillzeit eine spezielle Diät einhalten.

Weglaß-Diät nur bei hohem Allergie-Risiko

Weglaß-Diät für stillende Mütter

Da geringe Mengen von Nahrungseiweiß auch in der Muttermilch zu finden sind, kann es in schwierigen Fällen sinnvoll sein, wenn die Mutter die häufigsten und stärksten Nahrungsmittelallergene in der Stillzeit nicht zu sich nimmt.
Eine solche Diät sollten Sie jedoch niemals ohne Rücksprache mit Ihrem Frauen- oder Kinderarzt durchführen, da sie darauf achten müssen, daß Ihre Ernährung trotzdem

Milch und Zitrusfrüchte nicht täglich zu sich nehmen

ausgeglichen bleibt. Besonders zuwenig Kalzium, Jod und Eiweiß könnten sonst zu Mangelerscheinungen führen und Ihrem Baby schaden.

Eier und Fisch können starke Allergene sein.

► Verzichten Sie völlig auf Hühnereier, Fisch und Nüsse, da sie besonders häufig Allergien auslösen (Seite 59).

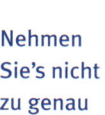

► Von folgenden Lebensmitteln sollten Sie nur wenig und möglichst nicht täglich zu sich nehmen:
● Milch und Milchprodukte
● Soja
● Schweinefleisch
● Sellerie
● Zitrusfrüchte
● Weizen und weizenmehlhaltige Produkte.

► Sofern Sie nicht selbst an einer Allergie gegen eines dieser Lebensmittel leiden, ist es für eine rein vorbeugende Diät ausreichend, die Nahrungsmittel in purer Form zu vermeiden. Wenn Sie einmal eines davon in einem Fertigprodukt unbeabsichtigt mitgegessen haben, brauchen Sie sich deshalb keine Vorwürfe zu machen.

Nehmen Sie's nicht zu genau

Wenn die Muttermilch nicht ausreicht

Falls Sie tatsächlich zu wenig Muttermilch haben sollten, ist es wichtig, beim Zufüttern einiges zu beachten.

Sojamilch ist keine Alternative ▶ Lassen Sie Ihr Baby zunächst beide Brüste leertrinken, danach geben Sie ihm eine spezielle allergenarme Säuglingsnahrung, sogenannte »hypoallergene Nahrung« (siehe Tip-Kasten). Eine Verwendung von Babynahrung auf Sojabasis statt Kuhmilch ist nicht zu empfehlen, da auch Soja ein starkes Allergen sein kann und Ihr Kind dann unter Umständen eine Sojaallergie entwickelt.

▶ Bei einem sehr hohen Allergierisiko Ihres Babys, etwa wenn beide Eltern an allergischen Erkrankungen wie Neurodermitis oder Asthma leiden, kann es sinnvoll sein, ein sogenanntes »therapeutisches Hydrolysat« einzusetzen, das noch weniger Allergene enthält (siehe Tip-Kasten)

▶ Falls Stillen gar nicht möglich ist, könnte das Baby theoretisch auch über sechs Monate ausschließlich mit hypoallergener Nahrung oder einem therapeutischen Hydrolysat ernährt werden, ohne daß ihm Nährstoffe fehlen würden.

▶ Hypoallergene Nahrung ist nur wenig teurer als normale Säuglingsmilchnahrung. Therapeutische Hydrolysate sind dagegen erheblich kostenintensiver. Daher sollten Sie über die medizinische Notwendigkeit vorher mit

Sprechen Sie mit dem Kinderarzt

TIP!

Allergenarme Ersatznahrung für Babys

Für allergiegefährdete Babys gibt es spezielle Ersatznahrung, die bei größtmöglicher Allergenarmut eine altersentsprechende Ernährung mit allen erforderlichen Komponenten wie Eiweiß, Fett, Kohlenhydraten, Vitaminen, Mineralstoffen und Spurenelementen gewährleistet.

● **Hypoallergene Nahrung:** Darunter versteht man Säuglingsnahrung auf Kuhmilchbasis, bei der durch Erhitzen und nachfolgende teilweise Aufspaltung der Eiweiße mit Verdauungsenzymen die allergene Wirkung stark vermindert ist.

● **Therapeutische Hydrolysate:** Auch hier wird durch Erhitzen die räumliche Struktur des Eiweißes verändert. Diese Art der Säuglingsnahrung ist noch stärker enzymatisch aufgespalten (hydrolysiert) als hypoallergene Nahrung. Dadurch sind die Eiweiße in so kleine Bruchstücke zerlegt, daß das Immunsystem sie nicht mehr als Allergene erkennt.

Am besten beginnen Sie mit einigen wenigen Löffelchen zur Mittagsmahlzeit. Bieten Sie Ihrem Baby zuerst die neue Beikost an und danach die Brust oder das gewohnte Fläschchen. Wenn es alles gut verträgt, können Sie die Beikostmenge nach und nach auf bis zu 150 Gramm steigern.

Zu Anfang nur Gekochtes

Der Sechs-Wochen-Plan

1 Starten Sie in der ersten Beikost-Woche mit einem allergenarmen Gemüse, beispielsweise Karotte. Verdünnen Sie das pürierte gekochte Gemüse nur mit Wasser oder der sonst verwendeten allergenarmen Säuglingsnahrung.

2 Wenn Ihr Baby das erste Nahrungsmittel gut vertragen hat, führen Sie in der zweiten Woche ein zweites Gemüse, zum Beispiel Kartoffeln, ein. Weitere geeignete Gemüsesorten sind: Blumenkohl, Brokkoli, Kohlrabi, Batate (Süßkartoffel), Zucchini, Steckrüben und Fenchel.

3 Geben Sie in der dritten Woche erstmals ein wenig Fett dazu, zum Beispiel Sonnenblumen- oder Olivenöl. Achten Sie aber darauf, daß das Öl »rückstandskontrolliert« ist, also wenig fettlösliche Schadstoffe enthält. Nehmen Sie nur einen Teelöffel Öl auf etwa 100 Gramm Gemüse.

Ein Teelöffel Öl genügt

Gewöhnen Sie Ihr Baby langsam und Schritt für Schritt an die neuen Nahrungsmittel.

Ihrem Kinderarzt sprechen und sich bei Ihrer Krankenkasse nach einer Erstattung erkundigen.

▶ Hypoallergene Nahrung und insbesondere therapeutische Hydrolysate haben durch die besondere Aufbereitung einen anderen Geschmack als normale Säuglingsnahrung. Lassen Sie sich dadurch nicht beeinflussen, denn Kinder im ersten Lebensjahr gewöhnen sich meist problemlos daran.

So stellen Sie nach dem Stillen auf Beikost um

Nach vollendetem fünften, noch besser nach dem sechsten Lebensmonat können Sie mit der Einführung von Beikost beginnen. Es empfiehlt sich, pro Woche nach und nach nur jeweils ein neues Nahrungsmittel in den Speiseplan aufzunehmen. Pro Mahlzeit sind 50 Gramm in gekochter Form für den Anfang genug.

4 Erweitern Sie in der vierten Woche den Speiseplan um Obst, allerdings nicht roh, sondern ebenfalls in gekochter Form. Probieren Sie zunächst ein- bis zweimal etwa 50 Gramm Mus oder Kompott als kleine Zwischenmahlzeit. Empfehlenswerte Früchte sind Apfel oder Birne, später auch Banane, Aprikose oder eventuell Blaubeeren.

Auch Obst zunächst nicht roh, sondern nur gekocht.

5 In der fünften Woche gibt es dann zum ersten Mal einen Getreidebrei aus Hafer oder Reis, anfangs nicht mehr als 120 bis 160 Gramm.

6 Wenn Ihr Kind zwei Gemüsesorten, das Öl, eine Sorte Obst und ein Getreide ohne Probleme vertragen hat, können Sie ihm in der sechsten Woche auch gekochtes, püriertes Fleisch anbieten: Rind, Geflügel oder Lamm. Fügen Sie es anfangs nur in geringen Mengen von etwa 10 Gramm pro Mahlzeit zu. Bekommt Ihrem Baby das Fleisch gut, können Sie die Menge langsam auf 30 bis 50 Gramm steigern.

Die Karotte ist ein allergenarmes Gemüse.

Nahrungsmittel, die Ihr Baby zunächst meiden sollte

Bestimmte Nahrungsmittel, die als häufige Allergene bekannt sind, sollten nicht zu früh in die Ernährung eingeführt werden.

● Auch wenn Milch ganz allgemein gesund ist, warten Sie damit bis zum 12. Lebensmonat. Als Milchersatz kann bis dahin eine entsprechende hypoallergene Nahrung dienen.

● Wenn Sie nach dem ersten Lebensjahr Kuhmilch in die Nahrung einführen, beginnen Sie am besten erst mit Butter, danach mit Sahne und Sauermilchprodukten (zum Beispiel Joghurt), bevor Sie Ihrem Kind das erste Mal Frischmilch anbieten. Die Milch muß immer pasteurisiert sein, nehmen Sie nie Rohmilch.

● Verzichten Sie bis zum 13. Lebensmonat unbedingt auf Eier – sie sind eins der stärksten Allergene!

● Obwohl Rohkost, Frischkorn- und Vollkornprodukte für Erwachsene sehr gesund sind, sind sie nichts für allergiegefährdete Säuglinge. Das Risiko, eine Allergie zu entwickeln, ist deutlich höhe, als bei der Verwendung

Eine frische Banane gibt's erst, wenn alles andere gut vertragen wurde.

hitzebehandelter, also gekochter oder gedünsteter, Nahrungsmittel.

● Wenn Ihr Baby gekochtes Obst gut verträgt, können Sie gegen Ende des ersten Lebensjahres auch rohe Äpfel und Birnen ausprobieren. Achten Sie auf Obst und Gemüse aus biologischem Anbau, um die Belastung mit Pestiziden und Nitraten möglichst gering zu halten.

Hautpflege und Kleidung

Achten Sie auf trockene Haut

Wenn Ihr Kind zu trockener, rauher Haut neigt, könnten das die Vorboten einer Neurodermitis sein. Achten Sie dann ganz besonders darauf, was mit seiner Haut in Berührung kommt.

Empfindliche Kinderhaut

Leider enthalten die meisten Salben und Cremes viele Bestandteile, auf die man allergisch reagieren kann. Deshalb ist es gar nicht so einfach, allergiegefährdete Haut richtig zu pflegen.

● Wenn die Haut zu trocken ist, kann das alleine schon Juckreiz auslösen. Pflegen Sie die Haut Ihres Kindes deshalb immer gut, insbesondere nach dem Baden. Es gibt heute eine Reihe hypoallergener Salben und Cremes; fragen Sie in Ihrer Apotheke danach.

● Benutzen Sie zum Waschen und Baden rückfettende Präparate, die die Haut nicht austrocknen. Eine einfache Möglichkeit ist, dem Badewasser einen Schuß Pflanzenöl, etwa Distelöl, zuzufügen.

Ein paar Tropfen Öl ins Badewasser

Pflegen Sie die zarte Babyhaut besonders nach dem Bad mit hypoallergenen Cremes.

Auf die Inhaltsstoffe achten

● Leider sind für Allergiker nicht nur viele parfümierte und konservierte Kosmetika ungeeignet, sondern auch pflanzliche Pflegeprodukte. Verzichten Sie deshalb auf Kinderkosmetika und Kinderbäder mit Pflanzenzusätzen wie Kamille oder Ringelblume. Wenn Sie Ihr Baby täglich in ein Bad mit Kamille setzen oder mit Ringelblumensalbe eincremen, kann es eine Allergie dagegen entwickeln. Kamille zum Beispiel gehört zur botanischen Familie der Korbblütler, die starke Allergene hervorbringt.

● Genauso problematisch ist die Verwendung von Produkten, die Milcheiweiß enthalten. Vermeiden Sie Molkebäder sowie Pflegeprodukte mit Stutenmilch. Auch mancher Babypuder enthält Milcheiweiß und kann – gerade bei einem wunden Po – zu unerwünschter Sensibilisierung der Haut führen. Lesen Sie auf der Verpackung deshalb stets aufmerksam die aufgeführten Inhaltsstoffe.

Wolle irritiert empfindliche Haut

Auch Kleidung kann die Haut reizen

Kleidungsstücke können auf vielfältige Art zu Reizungen von empfindlicher Haut führen. Achten Sie darauf, ob nach dem Tragen bestimmter Kleidung auf der Haut Ihres Kindes Rötungen oder rauhe Hautstellen auftreten und vermeiden Sie sie dann.

● Daß Wolle kratzen kann, kennen die meisten Menschen aus eigener Erfahrung. Oft sagen kleine Kinder schon von selbst, daß sie einen Pullover nicht mögen, weil er »kratzig« ist. Seien Sie mit Wolle generell vorsichtig.

● Aber auch Kleidung aus synthetischen Fasern kann Juckreiz verursachen, weil sie den Schweiß nicht aufsaugt und die Feuchtigkeit nicht verdunsten läßt.

TIP!

Auch wenn Ohrstecker bei Ihrem kleinen Mädchen sehr niedlich aussehen würden: Verzichten Sie mindestens bis zum zweiten Lebensjahr darauf. Viele Ohrringe enthalten Anteile von Nickel und könnten so schon früh zu einer Nickelallergie führen.

● Entfernen Sie am besten die Schildchen mit den Pflegekennzeichnungen, da sie gerade im Nackenbereich oft zu Hautrötungen und Juckreiz führen.

● Farbstoffe können ebenfalls als Allergene wirken. Vermeiden Sie deshalb intensiv gefärbte Kleidungsstücke, vor allem wenn sie direkt auf der Haut getragen werden. Durch den Schweiß können sich schlecht fixierte Farbstoffe herauslösen und von der empfindlichen Kinderhaut aufgenommen werden.

Erst wachsen, dann anziehen

● Häufig werden zur »Veredelung« von Bekleidung Chemikalien wie Formaldehyd eingesetzt. Waschen Sie am besten alle neuen Kleidungsstücke vor dem ersten Tragen zweimal, um eventuelle Chemikalien zu entfernen.

● Weichspüler können bei empfindlichen Menschen Hautreizungen verursachen. Sollte Ihr Wasser tatsächlich so hart sein, daß Sie einen »Weichmacher« brauchen, geben Sie eine Tasse Essig ins letzte Spülwasser, das hat den gleichen Effekt.

Baumwolle ist bestens geeignet

● Am besten geeignet ist immer noch Kleidung aus Baumwolle, die mindestens bei 60 °C gewaschen werden kann, noch besser ist kochbare Wäsche.

Ein allergenarmes Zuhause

Allergievorbeugung betrifft ganz besonders auch die eigenen vier Wände, in denen sich die Kinder am meisten aufhalten. Um den Kontakt mit Allergieauslösern zu vermeiden, sollten Sie Ihre Wohnung möglichst allergenarm gestalten – am besten schon bevor das allergiegefährdete Baby auf die Welt kommt. Am wichtigsten ist das Zimmer, in dem Ihr Kind schläft. Aber auch Räume, in denen es häufig spielt, müssen saniert werden.

Tiere – kein Umgang für allergische Kinder

So lieb und emotional wichtig Tiere für Kinder sein können, Sie sollten in einem Haushalt mit allergiegefährdeten Kindern kein Haustier halten. Denn alle fell- oder federtragenden Tiere können prinzipiell Allergien auslösen. Die häufigsten Allergien sind gegen Katze und Pferd gerichtet, die zudem oft noch sehr heftig verlaufen. Als Allergene können nicht nur die Haare, Federn oder Haut-

Kinder lieben Tiere, aber bei hohem Allergierisiko sollten sie nicht mit ihnen in einem Haushalt leben.

schuppen wirken. Im Vogelkot beispielsweise findet sich auch eine bestimmte Art von Schimmelpilzen (Aspergillen) die Allergien auslösen können. Darüber hinaus wird durch Tierhaltung die Besiedelung der Wohnung mit Hausstaubmilben gefördert. Nicht zuletzt stellen Tierfutter – etwa Sonnenblumenkerne oder Hirse im Vogelfutter oder Mückenlarven im Fischfutter – und sogar die Streu im Käfig mögliche Allergenquellen dar.

Allergien gegen Tierhaare sind häufig

▶ Falls Sie in Ihrer Wohnung bereits ein Haustier haben, das Sie nicht weggeben können oder möchten, dann vermeiden Sie aber soweit wie möglich den Kontakt zwischen Ihrem Kind und dem Tier. Lassen Sie das Haustier vor allem nicht ins Schlaf- oder Kinderzimmer.

Tierische Materialien in der Wohnung

Prüfen Sie Ihre Betten und Sofas

Doch nicht nur lebende Tiere sind problematisch, sondern auch tierische Materialien in den Wohnräumen und Betten, gegen die genauso eine Allergie entwickelt werden kann. Gerade im Zuge des »gesunden« Wohnens haben viele Materialien in die Wohnungen Einzug gehalten, die für Allergiker das genaue Gegenteil bewirken. Prüfen Sie daraufhin Ihre Betten, Sofas und Sitzmöbel:

● in Betten und auf Sofas befinden sich meist Federkissen
● Matratzen und Polstermöbel sind häufig teilweise aus Roßhaar; hochwertige Säuglingsmatratzen bestehen sogar oft ganz aus Roßhaar
● aus Schafwolle bestehen Wolldecken, Teppiche und Teppichböden; Schaffelle im Babybettchen oder als Fellsack im Kinderwagen sind auch weit verbreitet.

Alles sollte waschbar sein

▶ Alle genannten Materialien sollten Sie meiden – rüsten Sie Ihre Wohnung nach und nach um. Speziell für das Kinderbettchen gilt die strikte Vermeidung organischer Materialien. Besser geeignet sind eine Schaumstoffmatratze, bei mindestens 60 °C waschbares Bettzeug aus Polyester und kochbare Bettwäsche aus Baumwolle(Seite 32)

Hausstaubmilben – unliebsame Mitbewohner

Hausstaubmilben sind mikroskopisch kleine Spinnentiere, die in Innenräumen leben, dort wo Menschen sind. Ihr Vorkommen hat nichts mit mangelnder Hygiene zu tun. Diese Tierchen fühlen sich überall dort wohl, wo es warm ist (20 bis 30 °C) und feucht (Luftfeuchtigkeit zwischen 65 und 80 Prozent).
Das hauptsächliche Allergen ist jedoch nicht die Milbe selbst,

Milben lieben es warm und feucht

sondern der Milbenkot. Besonders während der trockenen Heizperiode zerfallen die Kotbällchen und binden sich an den Hausstaub. Dieser wird dann eingeatmet und kann Beschwerden der Atemwege auslösen oder durch Hautkontakt Ekzeme hervorrufen.

Holzböden statt Teppichböden

Milben ernähren sich von menschlichen und tierischen Hautschuppen und finden deshalb optimale Lebensbedingungen im Bett: in Matratze, Kopfkissen und Bettdecke (ein Gramm Staub aus der Matratze kann mehrere tausend Milben enthalten). Aber auch Polstermöbel, Teppiche und Teppichböden werden gerne »bewohnt«.

Die Anti-Milben-Kampagne

Um Ihre Wohnung allergenarm beziehungsweise allergikergerecht einzurichten, sollten Sie besonders den Milben das Leben schwer machen.

Trockene und kühle Schlafzimmer

● Liefern Sie ihnen schlechte Wachstumsbedingungen – Schlafräume sollten eine Temperatur von nur 18 bis 20 °C und eine Luftfeuchtigkeit unter 50 Prozent haben.

● Verzichten Sie auf Staubfänger jeder Art, also etwa Bücher in offenen Regalen oder aufgehängte Trockenblumen. Die Wohnung sollte mit glatten, wischbaren Böden ausgestattet sein, zum Beispiel aus Kork, Holz oder Linoleum.

● Benutzen Sie einen Staubsauger mit Mikrofilter für Feinstaub. Ihr Baby sollte beim Staubsaugen möglichst nicht im Zimmer sein oder – noch schlimmer – hinter dem Bodenstaubsauger herkrabbeln.

● Verwenden Sie keine Luftbefeuchter oder Zimmerspringbrunnen, die die Luftfeuchtigkeit erhöhen und damit das Milbenwachstum unterstützen.

● Ihr Kind sollte nicht einen ganzen Zoo von Kuscheltieren um sich haben, auch wenn es sie noch so sehr liebt: Dort halten sich Milben mit Vorliebe auf (siehe Tip-Kasten).

● Die Wichtigste Maßnahme betrifft das Bett: Wie schon gesagt,

Nicht nur Kinder, auch Milben lieben Kuscheltiere. Reinigen Sie sie deshalb regelmäßig.

sollte es frei von organischen Materialien sein. Die Matratze sollte aus Schaumstoff bestehen, Bettdecke und Kissen aus waschbarem Polyester. Kissen und Zudecke müssen etwa alle 4 bis 6 Wochen bei mindestens 60 °C gewaschen werden. Da die Milben nur absterben, wenn 60 °C mindestens 60 Minuten lang einwirken, sollten Sie mit einem verlängerten 60-°C-Programm (Energiesparkochwäsche) waschen, sofern das Bettzeug nicht ohnehin höhere Temperaturen verträgt. Wichtig ist es auch, das Bettzeug anschließend gut zu trocknen, am besten im Wäschetrockner.

Das Bettzeug häufig waschen

● Wenn Ihnen das ständige Waschen zu mühselig ist, können Sie auch milbenallergendichte Überzüge für Kopfkissen und Bettdecke kaufen. Der Bezug verhindert sowohl, daß der allergenhaltige Milbenkot aus dem Bettzeug hinausgelangt, als auch, daß neues »Futter« in Form von Hautschup-

TIP!
Da zu heißes Waschen Plüschtieren nicht gut bekommt, können Sie die Milben in regelmäßigen Abständen abtöten, indem Sie das Kuscheltier, in eine Plastiktüte verpackt, für 24 Stunden in die Tiefkühltruhe legen. Anschließend genügt handwarmes Auswaschen, um die abgestorbenen Milben und den anhaftenden Milbenkot ganz zu entfernen.

pen bei den Milben ankommt. Man nennt diese Methode der Umhüllung »Encasing«: Die Milben werden quasi eingesperrt.

● In jedem Fall sollten Sie die Matratze mit einem entsprechenden Überzug ausstatten, da auch Matratzen aus Schaumstoff bei längerer Benutzung von Milben besiedelt werden können.

Spezialüberzüge gegen Milben

● Lassen Sie sich beim Kauf von milbendichten Überzügen in Apotheken oder Sanitätshäusern beraten. Sie sind meist polyurethan-beschichtet oder bestehen aus Mikrofasergewebe, das durch die gute Luftdurchlässigkeit einen hohen Schlafkomfort gewährleistet. Sie sind allerdings nicht ganz billig. Die Krankenkassen übernehmen einen Teil der Kosten, aber nur wenn bereits eine Milbenallergie vorliegt.

Der Milbentest für zu Hause

Sie können Ihren Hausstaub selbst auf Milbenbefall untersuchen. Mit Hilfe eines Tests (Acarex®) aus der Apotheke lassen sich die Inhaltsstoffe aus dem Kot der Hausstaubmilbe als Farbreaktion auf einem Teststreifen sichtbar machen. Wenn Sie feststellen, daß bestimmte textile Einrichtungsgegenstände befallen sind, sollten Sie sie entweder entfernen oder mit einem für Menschen unbedenklichen Mittel sanieren.

Fragen Sie in der Apotheke

● Sie können dazu Produkte mit dem Wirkstoff Benzylbenzoat (mit oder ohne Tanninsäure) verwenden; Sie erhalten sie in der Apotheke. Verwenden Sie keine Mittel mit Pyrethrum oder Pyrethroiden, diese sind nämlich auch für den Menschen giftig.

Kranken-kassen tragen die Kosten

● Die Milben-Tests und Sanierungsmaßnahmen werden von den Krankenkassen nur übernommen, wenn bereits eine vom Arzt bestätigte Milbenallergie vorliegt.

Schimmelpilze in Innenräumen

Schimmelpilze gehören ebenso wie Hausstaubmilben zu den wichtigsten Innenraumallergenen. Ein allergiegefährdetes Kind sollte daher auf keinen Fall in einem feuchten Kinderzimmer aufwachsen, da dann die Gefahr sehr hoch ist, daß es allergisches Asthma entwickelt.

Schimmelpilze gedeihen fast überall, am besten bekommen ihnen feuchtwarme Lebensbedingun-

Feuchte Räume sind gesundheitsschädlich

gen mit einer relativen Luftfeuchtigkeit von etwa 80 bis 85 Prozent und Temperaturen zwischen 25 und 30 °C. Aber eine Luftfeuchtigkeit von 70 Prozent reicht bereits für das Pilzwachstum aus.

Es gibt Schimmelpilzarten, deren Sporen ähnlich wie Blütenpollen im Freien herumfliegen, und sol-

WICHTIG

Wo sich Schimmelpilze gern verstecken

Wenn es in Ihrer Wohnung in bestimmten Räumen modrig oder leicht muffig riecht, sollten Sie an folgenden Stellen nach Schimmelpilzen suchen:

● hinter Holzverkleidungen, Abdeckungen und großen Möbelstücken, zum Beispiel Schränken, besonders wenn sie an Außenwänden stehen

● in Räumen mit Wasser, also im Bad, in der Küche, im Keller, aber auch an Fensterstöcken

● fast immer auf Blumenerde

● oft im Kühlschrank oder in schlecht gewarteten Klimaanlagen

● unter Fuß- und Teppichböden, aber auch unter der Matratze, besonders wenn sie von unten nicht belüftet wird.

che, die vornehmlich in Innenräumen vorkommen. Am häufigsten sind in der Wohnung Stockflecken und (meist schwarze) Schimmelpilz-Rasen in Zimmerecken – vorwiegend bei nordwestlicher Lage des Raumes, an Fensterstöcken und in den Fliesenfugen im Bad.

Schimmel-sporen in der Luft

Die Anti-Schimmel-Kampagne

Haben Sie in Ihrer Wohnung Schimmelpilze entdeckt, sollten Sie unbedingt etwas dagegen un-

Lüften Sie regelmäßig

ternehmen – und auch vorsorgen, daß sie nicht wieder kommen.

▶ Die einfachste und billigste Maßnahme ist regelmäßiges Lüften: Gerade während der kalten, trockenen Wintermonate kann so die Luftfeuchtigkeit unter 55 Prozent gesenkt werden.

▶ Rücken Sie alle größeren Möbelstücke etwa 10 Zentimeter von den Wänden ab. So vermeiden Sie Kältebrücken und gewährleisten eine gleichmäßige Raumtemperatur.

▶ Die Behandlung befallener Stellen mit chemischen Mitteln ist wegen der damit verbundenen Schadstoffbelastung nicht zu empfehlen. Verwenden Sie statt dessen lieber Essigessenz, oder lassen Sie sich in der Apotheke eine Lösung aus 3 Prozent Salicyl-

säure und 97 Prozent Alkohol herstellen. Behandeln Sie die Schimmelflecken damit dreimal im Abstand von 30 Minuten und reiben Sie sie anschließend mit Spiritus ab. Benutzen Sie dazu unbedingt Handschuhe und lüften Sie hinterher gut. Diese Sanierungsmaßnahmen auf keinen Fall im Beisein Ihres Kindes durchführen!

**Schimmel-
flecken
unbedingt
entfernen**

Feuchtigkeit im Haus vermeiden

▶ Feuchte Stellen an den Wänden, die noch nicht vom Schimmel befallen sind, kann man mit einem Heizluftgebläse trocknen. Schimmelige Tapeten oder Putz müssen Sie aber vollständig entfernen.

▶ Zimmerpflanzen sollten nicht in Schlafräumen stehen. In den anderen Zimmern empfiehlt es sich, statt Erde auf Hydrokultur umzustellen.

▶ Halten Sie die Luftfeuchtigkeit in der Wohnung möglichst niedrig: Stellen Sie beispielsweise keine Wäsche zum Trocknen auf, und verzichten Sie auf Zimmerspringbrunnen oder Luftbefeuchter.

▶ Falls Sie einen Komposthaufen haben, sollten Sie ihn möglichst weit weg vom Haus anlegen und Ihren Biomülleimer besonders während der warmen Jahreszeit täglich leeren.

**Schimmel-
pilze in der
Biotonne**

Eine Tapete über einer feuchten Wand: Deutlich sehen Sie in der Großaufnahme die Schimmelpilze.

Vorbeugen gegen Pollen und Luftschadstoffe

Pollenaller-giker sollten die Haupt-blütezeit »Ihrer« Pflanze kennen und dann vor-sorgen.

Neben Tierhaaren und Schimmelpilzen gehören Baum- und Gräserpollen sowie verschiedene Luftschadstoffe zu den häufigen Allergenen, die über die Luft aufgenommen werden. Dagegen können Sie vorbeugend leider nur wenig tun, denn während der Monate Februar bis September befinden sich Blütenpollen, in den Monaten Mai bis November zusätzlich Schimmelpilz-Sporen, überall in der Luft.

● Ihre Spazierfahrten mit dem Kinderwagen sollten Sie auch bei allergiegefährdeten Babys nicht einschränken, denn es gibt so gut wie keine problemlose Jahreszeit. Der Pollen- und Sporenflug dauert leider beinahe zehn Monate des Jahres an. Stellen Sie Ihr Baby allerdings an schönen, aber windigen Tagen nicht für längere Zeit nach draußen.

● Halten Sie bei starkem Pollenflug das Fenster des Kinderzimmers, insbesondere in den frühen Morgenstunden, geschlossen.

● Hängen Sie Ihre Wäsche zum Trocknen nicht draußen auf – sie ist danach mit Blütenpollen und Schimmelpilz-Sporen behaftet. Besser ist ein Wäschetrockner.

● Schadstoffe in der Außenluft wie Ozon und Stickoxide (Sommersmog) sowie Schwefeldioxid (Wintersmog) führen zu Schleimhautreizungen und damit zu einem erhöhten Infektionsrisiko. Wenn erhöhte Ozonwerte oder Wintersmog angekündigt sind, sollten Sie deshalb die täglichen Spazierfahrten mit dem Kinderwagen verkürzen.

● Machen Sie während der stärksten Pollenflugzeit im Sommer am besten Urlaub (See, Hochgebirge, Wüste).

Die Blütezeit reicht von Februar bis September

Bei Wintersmog zu Hause bleiben

Pollenflugkalender

	Febr.	März	April	Mai	Juni	Juli	Aug.	Sept.
Haselnuß								
Weide								
Ulme								
Pappel								
Birke								
Ruchgras								
Robinie (»falsche Akazie«)								
Segge								
Wiesenfuchsschwanz								
Wiesenrispengras								
Roggen								
Gelber Wiesen-/Goldhafer								
Schwingel								
Knäulgras								
Spitzwegerich								
Kammgras								
Lieschgras								
Rohr-Glanzgras								
Lolch, Raygras								
Glatthafer								
Honiggras								
Linde								
Weizen								
Straußgras								
Holunder								

Vor- und Nachblüte   Hauptblütezeit

WICHTIG

Wo sich chemische Schadstoffe verstecken

● **Formaldehyd**: in Spanplatten (Möbel, Fertigparkett, Laminatböden, Verkleidungen), in Farben, Lacken, Klebern und Versiegelungen, in Kunstschäumen zum Ausfugen und zur Ummantelung von Rohren
● **Isocyanate**: in Zwei-Komponenten-Lacken, Versiegelungen und Polyurethanschäumen (nach dem Aushärten ist die Belastung allerdings nur noch gering), in Schaumrücken von Teppichböden und in formaldehydfreien Spanplatten (sogenannten F0-Platten)
● **Insektizide** (**Lindan, Pyrethroide und andere**): in Holzschutzmitteln und damit in vielen Holzdecken, Holzverkleidungen oder Holzbalken, in Schädlingsbekämpfungsmitteln, im Mottenschutz für Wollteppiche
● **PCP (Pentachlorphenol)**: Pilzvernichtungsmittel, das früher in Holzschutzlasuren eingesetzt wurde und seit 1989 in Deutschland verboten ist; wird jedoch im Ausland weiterhin zur Schimmel- und Fäulnisverhütung etwa von Leder und Baumwolle eingesetzt
● **Weichmacher**: Sie machen Kunststoffe, insbesondere PVC, flexibel und finden sich beispielsweise in PVC-Bodenbelägen, Vinyltapeten oder selbstklebenden Dekorfolien.

Schadstoffe in der Wohnung

Eine ständige Belastung mit chemischen Stoffen in der Wohnung kann die Entwicklung von Allergien und Infekten fördern. Dies gilt insbesondere für die Schadstoffe Formaldehyd und Holzschutzmittel. Aber auch der »blaue Dunst«, den rauchende Eltern ihren Kindern zumuten, ist eindeutig für die erhöhte Anfälligkeit der Kinder für Atemwegserkrankungen und sogar für vermehrte Mittelohrentzündungen verantwortlich. Der kindliche Organismus, der sich noch in der Entwicklung befindet, ist den Giftstoffen wesentlich schutzloser ausgeliefert.

Möbel können Schadstoffe absondern

»Dicke Luft« durch rauchende Eltern

Jeder weiß es inzwischen: Zigarettenrauch ist nicht nur für Raucher, sondern auch für Mit-Raucher schädlich. Allergiker und Kinder sind davon ganz besonders betroffen: Tabakrauch verursacht Reizungen der Schleimhäute und damit ein erhöhtes Risiko, an Infektionen der Atemwege zu erkranken. Kinder, die ständig dem Rauch ausgesetzt sind, leiden gehäuft unter Bronchitis und Mittelohrentzündung; und diese Infekte sind wiederum die Basis für die Entstehung von Allergien und Asthma (Seite 78).
Im Tabakrauch sind mehrere tau-

Passives Mitrauchen gefährdet die Kinder

Das ideale, allergenarme Kinderzimmer

Wenn Sie in eine neue Wohnung ziehen oder für Ihr erstes Kind das Kinderzimmer ganz neu einrichten, versuchen Sie, möglichst viele der hier gegebenen Tips mit einzubeziehen. Bereits bestehende Kinderzimmer sollten Sie nach und nach umrüsten – es lohnt sich.

● Das Kinderzimmer sollte ein trockener, beheizbarer Raum sein. Ein Zimmer mit Nord-West-Außenwänden ist wegen der Gefahr von Kältebrücken, Feuchtigkeit und nachfolgendem Schimmelpilz nicht empfehlenswert.

● Als Bodenbelag ist Kork sehr empfehlenswert, da er allergenarm, fußwarm und schalldämmend ist. Achten Sie darauf, daß er naturharzgebunden ist und mit lösemittelfreiem Kleber verlegt wird. Alternativen sind Holzdielen, Massivholzparkett oder unbeschichtetes Linoleum. Teppiche, noch dazu aus Wolle, sind leider ungeeignet.

● Streichen Sie die Wände mit einer Kalk-Kasein-Farbe, und benutzen Sie zur Farbtönung schwermetallfreies Farbpigment. Falls Sie lieber tapezieren, verwenden Sie eine Papiertapete und Zellulosekleister.

● Holz in der Wohnung sollte am besten unbehandelt bleiben oder mit einem lösemittelfreien Wachs behandelt werden.

● Wählen Sie möglichst Möbel aus Massivholz. Falls Sie bereits ein Kinderzimmer aus Spanplatten haben, sollten Sie alle nicht furnierten Flächen (Innen- und Hinterwände, Regalbretter seitlich) dreimal mit Schellack streichen; das kann die Ausgasung von Formaldehyd zumindest für einige Jahre reduzieren.

● Kaufen Sie nicht zu viele offene Regale, in denen sich Staubfänger ansammeln. Sinnvoller sind Elemente mit Holztüren. Verwenden Sie als Vorhänge glatte, leicht zu waschende Stoffe oder ein praktisches Rollo.

● Wie schon gesagt, gehören Topfpflanzen und Haustiere nicht ins Kinderzimmer (Seite 30 und 35). Ebenso sollten Sie bei der Einrichtung alle Staub- und Milbenfänger vermeiden (Seite 32).

● Achten Sie darauf, daß der Raum stets trocken, gut gelüftet und nicht zu warm ist (Seite 32). Hinweise für die optimale, milbenfreie Ausstattung des Kinderbettchens finden Sie auf Seite 32.

Holz nur mit Wachs behandeln

Möglichst wenig Staubfänger

Kein geeig-
netes Zim-
mer für all-
ergiekranke
Kinder:
Feuchtigkeit,
Haustiere,
Polster, Tep-
piche und
viele Staub-
fänger.

send Einzelsubstanzen enthalten, darunter Alkohole, Ammoniak, polyzyklische aromatische Kohlenwasserstoffe, Benzol, Blausäure, Cadmium, Dioxine, Formaldehyd, Kohlenmonoxid, radioaktive Elemente, Stickoxide und Teer. Viele dieser Substanzen sind giftig oder krebserregend.

Nicht zu Hause rauchen

Wenn in einem Zimmer von etwa 22 m² nur sechs Zigaretten geraucht werden, herrscht nach einer Viertelstunde eine Formaldehyd-Konzentration, die den Richtwert für Innenräume bereits überschreitet. Da muß sich ein Schrank aus Spanplatten, die Formaldehyd enthalten, sogar richtig »anstrengen«, um noch mithalten zu können! Daher als ganz wichtige Empfehlung an Eltern, die immer noch Raucher sind:

▶ Rauchen Sie keinesfalls während der Schwangerschaft. Rauchen Sie Ihren Kindern zuliebe möglichst nicht zu Hause, und wenn, dann zumindest nicht im Beisein der Kinder.

▶ Nehmen Sie Ihre Kinder auch nicht mit in verrauchte Kneipen oder zu Gesellschaften mit vielen Rauchern.

Gesundheits-
vorsorge
bei Infekten

Normale Virusinfekte schnappt jedes Kind irgendwann auf, das läßt sich kaum verhindern und ist auch notwendig. Denn Kinder müssen ihr Immunsystem

Das Immunsystem wird trainiert

erst durch den Kontakt mit allen möglichen Krankheitserregern »trainieren«.

Gehäuft auftretende Infekte der Atemwege stehen jedoch in eindeutigem Zusammenhang mit dem Ausbruch allergischer Erkrankungen. Viruserkrankungen der Bronchien zum Beispiel und auch Keuchhusten können die Entstehung eines Asthma bronchiale fördern.

Gehäufte Infekte abklären

Häufige Infekte der Atemwege

Ob und wie genau Infekte das Allergierisiko verringern oder erhöhen, muß erst noch genauer erforscht werden. Fest steht jedoch, daß gehäuft auftretende Atemwegsinfekte Eltern aufhorchen lassen sollten.

● Bei Kleinkindern bis zum vierten Lebensjahr gelten zehn bis zwölf Infekte pro Jahr noch als normal, sofern es sich um einfachen Schnupfen, vielleicht noch mit Husten, handelt. Wenn jedoch der Husten chronisch wird, dauernd Mittelohrentzündungen oder gar Lungenentzündungen auftreten, sollten Sie vom Kinderarzt abklären lassen, ob nicht ein Defekt des Immunsystems vorliegt.

Chronischer Husten oder Asthma?

● Bei manchen Kindern besteht in den ersten Lebensjahren ein Mangel an Immunglobulin A (IgA), einem Abwehrstoff, der normalerweise auf allen Schleimhäuten zu finden ist (Seite 21), und Infektionen mit Viren und Bakterien verhindert. Durch die Einnahme von speziellen Tabletten, die abgetötete Bakterien oder

Kinder stecken sich im Kindergarten gegenseitig an – das ist normal. Achten Sie aber auf die Häufigkeit.

Bakterienteile enthalten, kann im Körper die Produktion von IgA angeregt werden.

Vorbeugen von klein auf

● Säuglinge, die gestillt werden, bekommen von der Mutter einen gewissen »Nestschutz« mit, also Antikörper gegen verschiedene Krankheitserreger, die sie in dieser Zeit schützen. Gestillte Kinder leiden auch später deutlich seltener an Infekten als Flaschenkinder, da das Stillen unter anderem zum Aufbau des IgA-Schutzes beiträgt (Seite 21).

Stillkinder leiden seltener unter Infektionen

● Vorbeugend ist es natürlich sinnvoll, Ihr Kind von erkrankten Personen fernzuhalten. Falls Ihr Baby ein hohes Asthmarisiko hat (weil etwa beide Eltern Asthmatiker sind), ist es zum Beispiel ungünstig, es in eine Säuglingskrippe zu geben, wo sich die Babys ständig gegenseitig anstecken. Besser wäre in einem solchen Fall eine andere Lösung, etwa eine Tagesmutter.
● Spätestens im Kindergarten ist jedoch der Umgang mit kranken Kindern nicht zu verhindern. Da soziale Kontakte in diesem Alter sehr wichtig sind, sollten Sie trotz aller Vorsicht Ihr Kind nicht zu Hause zu lassen.
● Zur Vorbeugung gehören natürlich auch – wie bei allen Kindern – ausgewogene, vitamin-reiche Ernährung, der Jahreszeit angepaßte Kleidung, Abhärtung (zum Beispiel durch kaltes Abduschen nach dem Bad) und viel Bewegung an frischer Luft.

Allergien früh erkennen

Nicht alle Erkrankungen, die wie Erkältungen aussehen, sind auch wirklich welche. Wenn alle üblichen Maßnahmen keine Besserung der Infektanfälligkeit bringen, ist es Zeit, sich Gedanken über andere Ursachen zu machen: Viele Erkältungssymptome entpuppen sich bei näherem Hinsehen als erste Anzeichen einer Allergie. Die Checkliste auf Seite 44 soll Ihnen helfen, Ihren Verdacht zu überprüfen und möglicherweise zu bestätigen. Sprechen Sie in diesem Fall mit Ihrem Kinderarzt und bitten Sie ihn, einen Allergietest zu veranlassen (Seite 49).

Erste Anzeichen einer Allergie

Machen Impfungen allergisch?

Auch die üblichen Kinderkrankheiten können mit dem Ausbruch einer Allergie in Zusammenhang stehen. Es ist bekannt, daß sich zum Beispiel eine Neurodermitis während einer Infektionskrankheit verschlimmern kann. Manche Mütter berichten, die Neurodermitis-Ekzeme seien bei

Keine Angst vor Impfungen

ihrem Kind erstmals nach einer Impfung aufgetreten oder hätten sich danach verschlechtert. Also lieber nicht impfen?

Ohne Impfung kein Schutz vor ernsten Erkrankungen

Durch Impfungen einschließlich der Keuchhustenimpfung wird der Ausbruch einer allergischen Erkrankung nachweislich nicht gefördert. Kinder, bei denen nach einer Impfung eine allergische Reaktion aufgetreten ist, würden beim Ausbrechen der echten Erkrankung sehr wahrscheinlich erst recht mit einem allergischen Schub reagieren.

WICHTIG

Gerade Kinder mit erhöhtem Allergierisiko und Kinder mit Neurodermitis oder Asthma sind durch bestimmte Viruserkrankungen mehr gefährdet als gesunde Kinder. Daher ist es bei ihnen besonders wichtig, sie möglichst frühzeitig und komplett impfen zu lassen.

● Bitte bedenken Sie, daß bei Kinderkrankheiten Komplikationen auftreten können, vor denen Ihr Kind ohne Impfung nicht geschützt wäre. Denn ist eine Viruserkrankung erst einmal ausgebrochen, gibt es immer noch keine wirksamen Medikamente dagegen.
● Unentbehrlich sind ganz besonders die Masern-, Tetanus-

und Keuchhustenimpfung. Kinder mit Neurodermitis sind durch Masern und deren mögliche Komplikationen besonders betroffen. Bei ihnen besteht wegen der oft offenen Hautbezirke und Kratzstellen die Gefahr, zusätzlich an Wundstarrkrampf (Tetanus) zu erkranken.

Auf den richtigen Impfzeitpunkt achten

Die folgenden Tips zur Impfung gelten auch für Kinder, die bereits unter einer Allergie leiden.
● Die Kinder sollten zum Zeitpunkt der Impfung möglichst völlig gesund sein. Insbesondere Asthmakinder dürfen keinen Atemwegsinfekt haben, Neurodermitiskinder sollten in einem schubfreien Intervall geimpft werden.
● Falls ein Kind wegen einer allergischen Erkrankung mit Kortison in Form von Tabletten oder Spritzen behandelt wird, darf es in dieser Zeit nicht geimpft werden.
● Grundsätzlich sollte bei allergischen oder allergiegefährdeten Kindern mit der Möglichkeit einer unerwünschten Reaktion gerechnet werden. Daher sollten Sie den behandelnden Arzt/Ärztin vor der Impfung unbedingt informieren, so daß er/sie entsprechende Vorsichtsmaßnahmen treffen kann.

Impfen nur, wenn Ihr Kind gesund ist

Den Impfarzt informieren

Die Allergensuche

Hat mein Kind eine Allergie?

Gerade weil viele Allergiesymptome ganz normalen Erkältungsbeschwerden sehr ähnlich sind, werden sie leicht übersehen (Seite 40). Aber auch wenn Eltern schon einen Verdacht haben, kann die Suche nach dem Allergieauslöser schwierig werden. Die Checklisten der wichtigsten Allergiesymptome und Allergieauslöser auf den folgenden Seiten sollen Ihnen helfen, den Blick für Allergien zu schärfen und den Übeltätern auf die Spur zu kommen.

Seien Sie aber bitte nicht zu besorgt! Nicht jeder Schnupfen, jedes Gaumenkribbeln, jeder rote Hautausschlag ist gleich eine Allergie. Zur Bestätigung oder zum Ausschluß Ihres Verdachts muß in jedem Fall erst ein geeigneter Allergietest gemacht werden.

Schnupfen oder Heuschnupfen?

Die Übeltäter herausfinden

Allergietests bei Kleinkindern

Ohne Allergietest kann nicht eindeutig geklärt werden, ob es sich bei den Beschwerden Ihres Kin-

des wirklich um eine Allergie handelt. Nur ein Test gibt Aufschluß darüber, gegen welche Substanz es allergisch ist, und ermöglicht damit erst eine wirksame Behandlung.

Viele Eltern und Ärzte glauben, ein Allergietest sei bei Kleinkindern noch nicht möglich. Als Grund wird oft angeführt, daß das Immunsystem noch nicht ausgereift und deshalb die Allergie nicht nachweisbar sei. Diese Ansicht ist nicht richtig, denn auch Impfungen sind schon im ersten Lebensjahr üblich, und das Immunsystem ist bereits »reif«

Läuft beim Spielen auf der Wiese jedesmal die Nase? Dann ist eine Pollenallergie sehr wahrscheinlich.

genug, Antikörper gegen den Impfstoff zu bilden.
Wenn Ihr Kind auf sein Milchfläschchen mit Bauchkrämpfen und Durchfall reagiert oder Ihr Kleinkind, nachdem es mit einer Katze geschmust hat, geschwollene Augen, eine laufende Nase und trockenen Reizhusten bekommt, ist eine Allergie sehr wahrscheinlich. Diese Beschwerden können nur auftreten, wenn das Kind be-

Allergietests geben Aufschluß

Checkliste: Allergieverdächtige Beschwerden

Sind bei Ihrem Kind schon mehrmals bestimmte Symptome aufgetreten, die Sie nicht einordnen konnten? Prüfen Sie, ob eines der beschriebenen Beschwerdebilder darauf zutrifft. Wenn ja, sprechen Sie mit Ihrem Kinderarzt darüber.

Juckreiz, Quaddeln oder Hautekzeme nach Kontakt mit bestimmten Materialien, nach Berührung von Tieren, Einnahme von Medikamenten, Verzehr von Nahrungsmitteln:
→ Hinweis auf Neurodermitis oder Kontaktallergie (Seite 86)

häufiges Niesen, Jucken der Nase, durchsichtiger Fließschnupfen, oft zusammen mit geröteten, juckenden, tränenden Augen nach Aufenthalt im Freien oder nach Tierkontakt:
→ Hinweis auf Heuschnupfen oder Allergischen Schnupfen (Seite 84)

morgens verstopfte Nase, nächtlicher oder morgendlicher Husten, eventuell gerötete Augen
Verschlimmerung während der Wintermonate:
→ Hinweis auf Allergischen Schnupfen (Seite 84)

Husten, Atemnot oder pfeifende Atmung nach Aufenthalt im Freien, bei Tierkontakt, nach Verzehr von Nahrungsmitteln, bei körperlicher Belastung (Toben, Fußballspielen) oder beim Lachen:
→ Hinweis auf Asthma (Seite 78)

häufige Magen-Darm-Beschwerden wie Durchfall, Verstopfung, Blähungen, Übelkeit oder Bauchkrämpfe
nach dem Verzehr bestimmter Nahrungsmittel, etwa beim Säugling immer nach dem Fläschchen (wenn andere Ursachen ausgeschlossen sind)
→ Hinweis auf Nahrungsmittelallergie (Seite 90)

Jucken, Brennen oder Schwellungen im Bereich von Lippen, Mundhöhle, Rachen oder Hals
nach dem Verzehr bestimmter Nahrungsmittel
→ Hinweis auf Nahrungsmittelallergie (Seite 90)

reits sensibilisiert ist und IgE-Antikörper gebildet hat. Und wenn
es Antikörper gebildet hat, lassen
sich diese auch entweder durch
Haut- oder Bluttests nachweisen.

Ein Test ist
in jedem
Alter
möglich

Anders ausgedrückt: Wenn das
Kind »alt genug« ist, eine Allergie
zu entwickeln, dann ist es auch
»alt genug«, getestet zu werden.
Natürlich sollten die Testmethode
und auch die Anzahl der Testun-
gen dem Alter des Kindes angepaßt
sein. Es läßt sich jedoch in jedem
Fall eine praktikable, altersentsprechende Lösung finden. Eine
Übersicht über die üblichen Testmethoden sowie deren Vor- und
Nachteile finden Sie ab Seite 49.

Wie sicher ist ein Allergietest?

Allergien sind – leider oder glück-
licherweise – nichts Unveränder-
liches. Das gilt auch für den Nach-
weis einer Allergie. Es ist durchaus
möglich, daß bei einem Kind ein
Allergietest negativ ist, zwei Jahre
später jedoch hat es Heuschnupfen, und der Allergietest ist positiv.
Das bedeutet nun nicht, daß das
Kind zum Zeitpunkt des Allergietests »zu klein« gewesen wäre,
sondern daß sich die Allergie erst
später entwickelt hat.
Auch das Gegenteil ist möglich:
Nahrungsmittelallergien verlieren
sich oft mit zunehmendem Alter
von selbst, Ihr Kind kann die

Beschwer-
den ver-
gehen
manchmal
von selbst

Nahrungsmittel wieder problemlos essen und der Allergietest
wird negativ.
● Allgemein gilt: Bei negativem
Ergebnis eines Allergietests ist das
Vorliegen einer Allergie äußerst
unwahrscheinlich. Es ist aber
nicht völlig ausgeschlossen, denn
äußere Umstände können den
Test beeinflussen.
● Umgekehrt bedeutet ein positiver Allergietest nicht automa-
tisch, daß das Kind Krankheitssymptome hat. Das kann besonders dann der Fall sein, wenn im

Wenn Sie
bei Ihrem
Kind allergi-
sche Be-
schwerden
vermuten,
sprechen Sie
mit Ihrem
Kinderarzt.

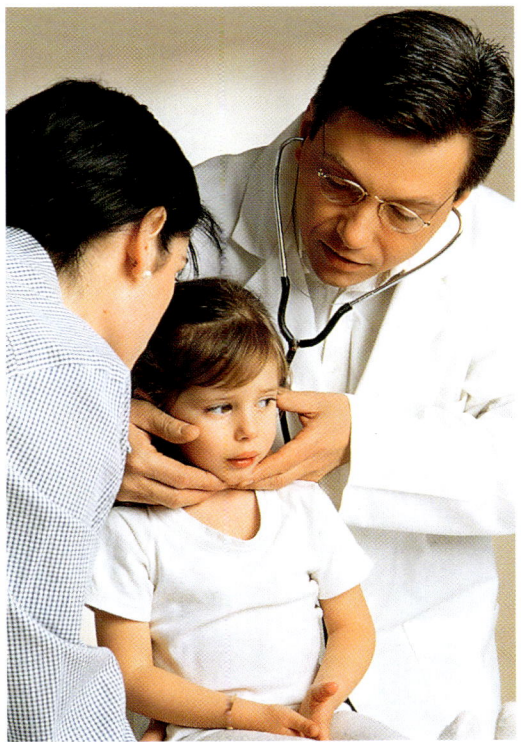

Checkliste: Welche Allergieauslöser kommen in Frage?

☐ Beschwerden nachts und am Morgen
→ **Allergene im Bett** wie Hausstaubmilben, Bettfedern, Roßhaar oder Schafwolle

☐ Beschwerden während oder nach dem Aufenthalt im Freien im Frühjahr (Februar bis Mai)
→ **Baumpollen**

☐ Beschwerden während oder nach dem Aufenthalt im Freien im Frühsommer (Mai/Juni) bei schönem Wetter
→ **Gräser- oder Getreidepollen**

☐ Beschwerden während oder nach dem Aufenthalt im Freien im Spätsommer (Juli/August) bei schönem Wetter
→ **Kräuterpollen**

☐ Beschwerden während oder nach dem Aufenthalt im Freien im Spätsommer oder Herbst besonders bei feucht-warmem, windigen Wetter und beim Rasenmähen
→ **Schimmelpilzsporen**

☐ Beschwerden während oder nach dem Aufenthalt in feuchten, modrigen Räumen, Gärtnereien, Weinkellern
→ **Schimmelpilzsporen**

☐ Beschwerden nach Kontakt mit Tieren
→ **Haare oder Hautschuppen von Tieren**, am häufigsten Katze, Pferd oder Hund

☐ Beschwerden nach dem Essen
→ **Nahrungsmittel oder Lebensmittelzusatzstoffe**

☐ Beschwerden nach Einnahme von Medikamenten
→ **Arzneiwirkstoffe, Arzneizusatzstoffe**

☐ Beschwerden nach Hautkontakt mit bestimmten Materialien wie Metall, Gummiprodukte oder Hautcremes
→ **Nickel, Latex oder Kosmetikzusatzstoffe**

☐ Beschwerden nach Insektenstichen
→ **Insektengift**

Selbst Gummibärchen können künstliche Farbstoffe enthalten. Achten Sie deshalb auf Zusatzstoffe.

Alltag kein direkter Kontakt zu dem gefundenen Allergen besteht, oder die Reaktion so minimal ist, daß sie nicht als Erkrankung wahrgenommen wird.

● Um aus einem Allergietest die für die Behandlung richtigen Schlüsse zu ziehen, müssen die Ergebnisse einer gründlichen persönlichen Befragung der Eltern, und soweit möglich des Kindes, in die Beurteilung mit einbezogen werden.

Wann ist der beste Zeitpunkt?

Eine wichtige Frage ist, zu welchem Zeitpunkt ein Allergietest am günstigsten ist: während der Beschwerden, kurz danach oder im beschwerdefreien Zeitraum? Die Testergebnisse bei dem am häufigsten durchgeführten Allergietest, dem Pricktest (Seite 49), fallen eindeutiger aus, wenn das Kind kurz vor der Testung Kontakt mit seinem Allergieauslöser gehabt hat.

● Deshalb empfiehlt sich zum Beispiel bei einer Pollenallergie, den Test direkt nach der Pollenflugzeit, also im Herbst machen zu lassen. So ist die »Erinnerung« im Körper noch vorhanden und eine deutliche Reaktion wahrscheinlich.

● Den Allergietest noch während bestehender Beschwerden wie starkem Heuschnupfen oder Asthma machen zu lassen, ist nicht ratsam, da sich die Erkrankung dadurch verschlechtern kann. Außerdem nehmen die kleinen Patienten oft in dieser Zeit Medikamente zur Linderung der Beschwerden ein, was das Testergebnis stark beeinflussen kann, so daß der Test trotz bestehender Allergie fälschlich negativ bleibt.

Mit dem Kind beim Allergietest

Ein Arztbesuch mit kleinen Kindern kann schwierig sein. Und wenn es dann auch noch piekst und der Kleine längere Zeit stillsitzen muß, kann das schon mal Protestgeschrei und Aufregung zur Folge haben.
Bereiten Sie deshalb Ihr Kind – soweit das vom Alter her möglich ist – auf den Arzttermin vor.

WICHTIG

Falls Ihr Kind in der Zeit des geplanten Allergietests Medikamente gegen allergische Beschwerden einnimmt, müssen diese einige Tage vor dem Test abgesetzt werden, sonst können die Wirkstoffe das Ergebnis verfälschen. Informieren Sie vorher Ihren Arzt/Ihre Ärztin über das Medikament und die Dauer der Einnahme und richten Sie sich genau nach seinen/ihren Angaben.

● Erzählen Sie kleinen Kindern kurz vorher ruhig und sachlich, was beim Arzt gemacht werden wird, und wozu das gut ist.

● Behaupten Sie nicht, eine Blutabnahme oder der Test würden nicht weh tun. Sonst fühlt sich Ihr Kind nachher getäuscht. Erzählen Sie lieber, daß es nur ganz kurz piekst und dann gar nicht mehr schlimm ist.

● Stellen Sie ihm ruhig eine kleine Belohnung in Aussicht, wenn alles vorbei ist. Machen Sie sie aber nicht davon abhängig, daß es nicht weint.

● Während des Tests muß Ihr Kind für eine Weile still sitzenbleiben, bis die Hautreaktionen abgelaufen sind. Nehmen Sie vorsichtshalber etwas zum Vorlesen oder einen Walkman mit Kinderkassetten mit, um die Zeit zu überbrücken.

● Gehen Sie direkt vor dem Test nochmal zur Toilette. Wenn Kinder während des Testes vor Aufregung »müssen«, erschwert das die Auswertung.

● Am Tag des Arzttermins sollten Sie die Hautbereiche, auf denen der Test gemacht wird – das sind die Unterarme und eventuell der Rücken – nicht mit Cremes oder Salben eincremen.

● Zum Testzeitpunkt darf Ihr Kind nicht unter akuten allergischen Beschwerden oder akuten Infekten, etwa einer Grippe oder Erkältung, leiden.

● Nach dem Allergietest kann an den betroffenen Hautstellen Juckreiz auftreten. Behandeln Sie sie mit antiallergischer Creme.

Hinterher eine kleine Belohnung

Die Unterarme vorher nicht eincremen

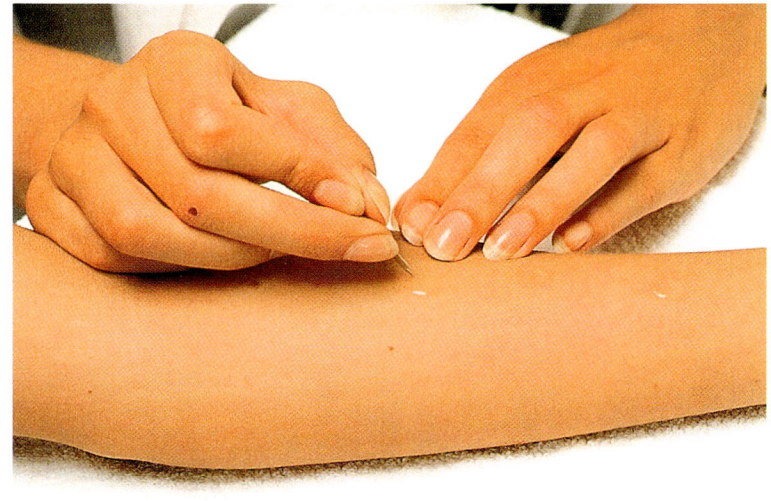

Beim Pricktest wird mit einer kleinen Lanzette in die Haut »gepiekst«. Das tut fast gar nicht weh.

Die wichtigsten Allergietests im Überblick

Wenn Sie sich vor einem Allergietest gerne über den Ablauf informieren möchten, finden Sie hier einen Überblick: Wir erklären Ihnen die häufigsten Testmethoden, für welches Alter sie geeignet sind, ob sie weh tun und was die Ergebnisse bedeuten.

Was passiert beim Test?

Die drei Möglichkeiten, den Allergieauslösern auf die Spur zu kommen, sind:
- verschiedene Hauttests
- ein Bluttest (RAST)
- und Provokationstests.

Üblicherweise stellt man mit einem Hauttest erst einmal die hauptsächliche Allergenart fest, also ob es sich beispielsweise um Pollen, Schimmelpilze oder Tierhaare handelt. Dann wird in weiteren Tests versucht, das genaue Allergen herauszufinden, also etwa, daß es unter den Baumpollen speziell die Birkenpollen sind.

Pricktest

Der häufigste Allergietest

Testtyp: Hauttest, häufigster allergologischer Test

Alter: ab dem Säuglingsalter möglich, meist ab dem 2. bis 3. Lebensjahr

Durchführung: Auf die Innenseite des Unterarms werden 10 bis 20 verschiedene Lösungen aufgetropft, die jede ein anderes Allergen enthalten. Durch die Tropfen hindurch wird mit einer kleinen Lanzette in die Hautoberfläche »gepiekst«, so daß die Flüssigkeit in die Haut eindringen kann. Nach 15 bis 20 Minuten Wartezeit kann das Ergebnis abgelesen werden. Um einige der Einstichstellen sind jetzt kleine Rötungen (Erythem) und Quaddeln entstanden: Sie bedeuten eine positive, also allergische Reaktion (Abbildung, Seite 50).

Schmerzgrad: wenig schmerzhaft, da die Haut nur oberflächlich durchstochen wird, ohne daß es blutet

Es dauert nur etwa 20 Minuten

Zuverlässigkeit: Bei Pollen, Tierhaaren, Hausstaubmilben und Insektengift sehr zuverlässig, bei Schimmelpilzen und Nahrungsmitteln weniger. Beim Pricktest werden, wie auch bei allen anderen Hauttests, Kontrolllösungen mit aufgetragen, die eine Beurteilung des Ergebnisses ermöglichen. Die *Negativkontrolle* enthält nur einfache Kochsalzlösung und darf keine Reizung hervorrufen. Die *Positivkontrolle* enthält Histamin, also den Stoff, der auch bei einer allergischen Reaktion ausgeschüttet wird (Seite 9). Er bewirkt in jedem Fall die Ausbildung einer Quaddel. Mit dieser Positivkontrolle werden die anderen Hautreaktionen verglichen

Um die Einstichstelle entstehen kleine Schwellungen und Hautrötungen, deren Größe ausgemessen wird.

Prick-Reaktionen	
	keine Quaddel, Erythem kleiner als = 2 Millimeter (Durchmesser)
	keine oder nur angedeutete Quaddel, = Erythem bis 5 Millimeter (Durchmesser)
	Quaddel bis = 3 Millimeter (Durchmesser)
	Quaddel bis = 6 Millimeter (Durchmesser)
	Quaddel größer als 6 Millimeter (Durch- = messer), Erythem größer als 20 Millimeter

und in ihrer Stärke bewertet. Ergibt die Positivkontrolle keine eindeutige Reaktion, hat der Test nicht funktioniert.

Vorteile: Es können viele Allergene gleichzeitig getestet werden, der Test ist schnell und einfach durchzuführen, wenig schmerzhaft, gut geeignet als erster Test bei Allergieverdacht.

Nachteile: Das Ergebnis kann durch Medikamente verfälscht werden; nicht anwendbar bei bestehenden Allergiebeschwerden oder Infekten; an den Unterarmen dürfen keine Hautekzeme sein.

Wertung: sehr empfehlenswert

Scratchtest

Testtyp: Hauttest
Alter: ab dem Säuglingsalter möglich, meist ab dem 2. bis 3. Lebensjahr
Durchführung: Das Prinzip ist dem Pricktest sehr ähnlich: Am Unterarm wird die Haut mehrmals leicht eingeritzt und die Lösungen mit den Allergenen auf die Stellen aufgebracht. Nach 15 bis 20 Minuten zeigt sich bei einer positiven Reaktion eine Hautrötung.
Schmerzgrad: wenig schmerzhaft, da die Haut nur oberflächlich angeritzt wird, ohne daß es blutet
Zuverlässigkeit: in etwa so zuverlässig wie der Pricktest
Vorteile: Der Test ist schnell und einfach durchzuführen, wenig schmerzhaft, gut geeignet etwa zur Testung der Allergenität des eigenen Haustiers
Nachteile: (wie Pricktest)
Wertung: empfehlenswert

Hautrötung bedeutet eine positive Reaktion

Intrakutantest

Testtyp: Hauttest
Alter: ab Schulalter
Durchführung: Mit einer Spezialnadel werden ganz bestimmte Allergenextrakte direkt unter die Haut gespritzt. Nach einer Wartezeit von 15 bis 20 Minuten erscheinen Rötungen und Schwel-

Nur für ältere Kinder

lungen, wenn die Reaktion positiv ist.

Schmerzgrad: schmerzhaft, da jede Lösung einzeln unter die Haut gespritzt wird

Zuverlässigkeit: eine bestehende Allergie wird relativ sicher erkannt.

Vorteile: Hohe Empfindlichkeit; damit ist der Test besonders geeignet für Schimmelpilz- und Nahrungsmittelallergien, die sonst nicht so einfach nachzuweisen sind.

Nachteile: (wie Pricktest)

Wertung: wegen der Schmerzhaftigkeit bei Kindern nur in Ausnahmefällen

Reibetest

Testtyp: Hauttest

Alter: ab dem Säuglingsalter möglich, meist ab dem 2. bis 3. Lebensjahr

Durchführung: Die Substanz, die als Allergen in Frage kommt, wird auf der Innenfläche des Unterarms mehrfach hin- und hergerieben. Es wird keine Lösung, sondern die natürliche Substanz dazu verwendet (also etwa die Tierhaare oder Nüsse). Bei positiver Reaktion erscheinen nach kurzer Zeit kleine rote Quaddeln, die nach und nach zu einer geröteten Fläche zusammenfließen.

Schmerzgrad: gar nicht schmerzhaft, ungefährlichster Hauttest

Diesen Test können Sie sogar selbst machen

Zuverlässigkeit: Da der Test nicht sehr empfindlich ist, ist er auch wenig zuverlässig. Ein negatives Ergebnis bedeutet also nicht viel. Im positiven Fall ist er allerdings eindeutig.

Vorteile: schnell und einfach durchzuführen; vor allem gut geeignet, wenn eine heftige Reaktion erwartet wird, die hier ungefährlich verläuft

Nachteile: (wie Pricktest)

Wertung: weniger empfehlenswert

Leider nicht sehr zuverlässig

Epikutantest

Testtyp: Hauttest, auch Läppchentest genannt

Alter: ab dem Säuglingsalter möglich, Kontaktallergien sind aber meist erst ab dem 10. Lebensjahr nachweisbar

Durchführung: Spezielle Pflasterstreifen werden mit den zu testenden Allergenen beschichtet. Die Pflaster werden auf den Rücken geklebt und die Reaktion nach dem 1. Tag, 2. Tag und 3. Tag überprüft. Diese Methode wird häufig zur Testung von Kontaktallergien (etwa gegen Nickel, Duftstoffe, Salben) genutzt.

Schmerzgrad: gar nicht schmerzhaft

Zuverlässigkeit: Es kommen öfter falsch positive Ergebnisse vor, das heißt die Haut reagiert mit einer

Pflaster werden auf den Rücken geklebt

Rötung, obwohl gar keine Allergie gegen diese Substanz besteht.

Vorteile: einfach und preiswert, gut geeignet bei Kontaktallergie

Nachteile: Im Falle einer positiven Reaktion besteht Juckreiz über mehrere Tage; in dieser Zeit darf auch nicht gebadet oder geduscht werden; zum Ablesen sind Arztbesuche an mehreren Tagen hintereinander nötig.

Wertung: empfehlenswert bei Verdacht auf Kontaktallergie

Es tut nicht weh, sondern juckt nur ein bißchen: »Der Pflastertest« ist für Kinder gut geeignet.

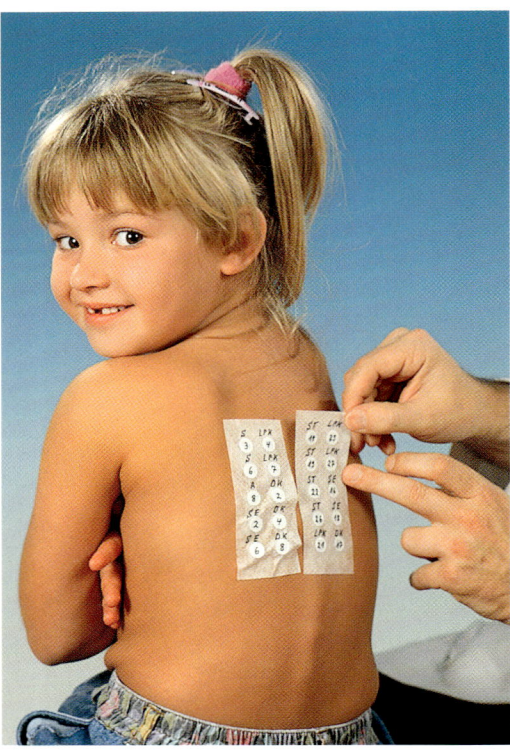

Atopie-Patchtest

Testtyp: Hauttest bei Neurodermitis

Alter: ab dem Säuglingsalter möglich

Durchführung: wie Epikutantest, nur mit Inhalationsallergenen auf den Pflastern

Schmerzgrad: gar nicht schmerzhaft

Zuverlässigkeit: spezieller Provokationstest für Neurodermitis, bei positivem Ergebnis ist nachgewiesen, daß die getesteten Allergene bei diesem Kind Ekzeme verursachen

Vorteile: einfach und preiswert, gut geeignet bei Neurodermitis

Nachteile: (wie Epikutantest)

Wertung: empfehlenswert bei Neurodermitis

Neurodermitis-Kinder reagieren sensibel

RAST-Test

Testtyp: Bluttest im Labor

Alter: ab dem Säuglingsalter möglich

Durchführung: Blutabnahme für eine Testung im Labor, nach etwa 2 Wochen liegen die Ergebnisse vor. Gegen jedes Allergen bildet der Körper spezifische IgE- oder IgG-Antikörper (Seite 9). Diese Antikörper können mit einem aufwendigen Labortest im Blut nachgewiesen werden. Man untersucht dabei gezielt bestimmte Allergene, die bereits im Verdacht

Der einzige Test mit Blutabnahme

stehen, die Allergie auszulösen. Ein RAST wird auch eingesetzt, wenn aus bestimmten Gründen ein anderer Test nicht möglich oder zu gefährlich ist.

Das Ergebnis wird in RAST-Klassen oder in U/ml angegeben. Je höher der Wert, desto stärker ist die Sensibilisierung.

Schmerzgrad: Blutabnahme etwas schmerzhaft

Zuverlässigkeit: bei niedrigen RAST-Klassen manchmal fälschlich positiver Befund

Vorteile: Im Gegensatz zu allen anderen Tests kann der RAST auch durchgeführt werden, wenn akute Beschwerden oder Infekte vorliegen oder Medikamente eingenommen werden.

Nachteile: teuer, daher wird er meist nur zur Ergänzung eingesetzt; längere Wartezeit auf das Ergebnis

Wertung: empfehlenswert, besonders im Säuglingsalter

Besonders für Säuglinge geeignet

Provokationstests

Testtyp: Das Allergen wird direkt am betroffenen Organ nachgewiesen, also an Nase, Bronchien oder Darm.

Alter: frühestens ab dem 4. bis 5. Lebensjahr

Durchführung: »Wie im richtigen Leben« wird das betroffene Organ mit einer Lösung des Allergens konfrontiert: durch Sprühen in die Nase, durch Einatmen in die Bronchien, durch Schlucken bei Nahrungsmittelallergie oder auch durch einen Stich bei Insektenallergie. Die Reaktion auf die »Provokation« – zum Beispiel Anschwellen der Schleimhaut, Niesen und so weiter – wird im ärztlichen Beisein abgewartet. Diese Art der Testung ist jedoch nicht ganz ungefährlich, da auch Asthmaanfälle und andere heftige körperliche Reaktionen ausgelöst werden können.

Heftige körperliche Reaktionen sind möglich

Schmerzgrad: nicht schmerzhaft, aber unter Umständen durch die direkte Reaktion unangenehm

Zuverlässigkeit: Zuverlässigste allergologische Testmethode: Bei unklarer Allergie bedeutet ein negativer Provokationstest, daß das getestete Allergen für die derzeitigen Beschwerden nicht verantwortlich ist. Unbedingt erforderlich vor einer Hyposensibilisierung (Seite 62), um bei der Bestimmung des Allergens sicher zu sein.

Vorteile: eindeutige Aussage auch bei negativem Ergebnis

Sehr zuverlässiger Test

Nachteile: Dieser Test sollte keinesfalls durchgeführt werden, wenn schwere allergische Reaktionen bereits aus der Vorgeschichte bekannt sind!

Wertung: für Kinder nur Testung an Auge, Nase oder bei Nahrungsmittelallergie empfehlenswert

Allergien gut im Griff

Wenn sich durch Tests der Verdacht bestätigt hat, daß Ihr Kind unter einer Allergie leidet, wird Ihr Facharzt mit Ihnen gemeinsam einen Behandlungsplan aufstellen. Durch vielfältige Maßnahmen im Alltag können Sie die Beschwerden wenn nicht immer heilen, so doch zumindest lindern und eine Verschlimmerung vermeiden. Bei starken Beschwerden können zusätzliche Medikamente Ihrem Kind das Leben erleichtern. Begleitende Naturheilverfahren und therapeutische Übungen unterstützen Sie dabei.
Die Allergiebehandlung erfordert zwar von Kind und Eltern eine intensive Mitarbeit, aber der Einsatz lohnt sich.

Allergien erfolgreich behandeln

Die einfachste und wirksamste Möglichkeit allergische Beschwerden zu lindern ist, die Allergieauslöser zu vermeiden. Dazu müssen Sie zunächst einmal genau wissen, welche Substanzen für die Beschwerden verantwortlich sind. Bei der Suche danach helfen Ihnen die verschiedenen Allergietests (Seite 49).

Zuerst die Auslöser finden

Die ärztliche Behandlung

Es ist im Alltag gar nicht so einfach, den Kontakt mit den Allergieauslösern völlig zu vermeiden. Denn oft löst nicht nur ein einzelnes Allergen die Erkrankung aus, sondern mehrere. Oder aber das Allergen ist so häufig, daß es nahezu überall vorkommt. Deshalb kann es bei starken Beschwerden nötig werden, Ihrem Kind mit zusätzlichen Medikamenten das Leben mit der Erkrankung zu erleichtern (Seite 65). Manche Allergieformen, zum Beispiel die Insektengiftallergie, können gut mit der sogenannten Hyposensibilisierung behandelt werden. Dabei wird versucht, den Körper schrittweise an das Allergen zu gewöhnen (Seite 62).

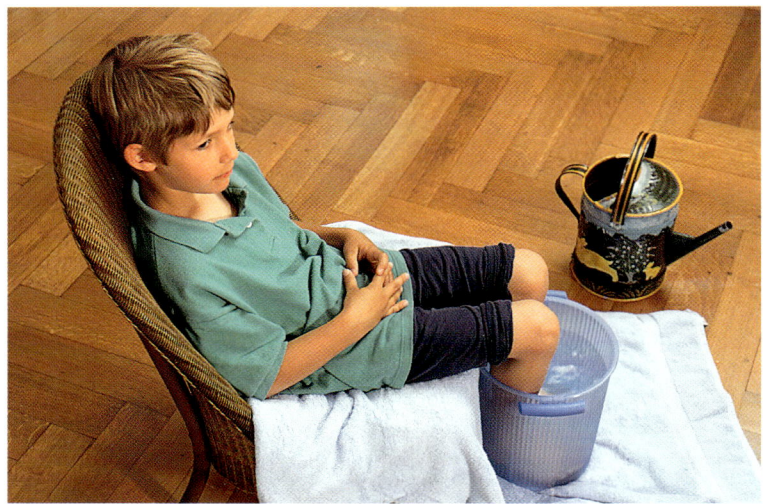

Mit Naturheilverfahren, wie den Kneippschen Wasseranwendungen, wird das Immunsystem gestärkt und Infekten vorgebeugt.

Hilfreiche Begleittherapien

Es ist bekannt, daß Allergien auch eine psychische Komponente haben. Das bedeutet, daß sich die Beschwerden unter Streßbedingungen eindeutig verschlechtern können. In unserer leistungsorientierten Zeit sind auch Kinder schon großem psychischen Druck ausgesetzt, etwa in der Schule. Hier können Entspannungsübungen, Sport- und Bewegungstherapien viel Gutes bewirken (Seite 70).

Sport und Entspannung helfen

Die klassischen Naturheilverfahren bieten zudem die Möglichkeit, mit begleitenden Maßnahmen Beschwerden zu lindern und das Immunsystem zu stärken. Hierzu gehören zum Beispiel die bekannten Kneipp-Anwendungen, Atemtherapien für Asthmakinder oder Klimatherapien (Seite 71).

Alternative Heilmethoden

Noch ein Wort zu alternativen Therapien: Wenn Sie sich für »nicht schulmedizinische« Heilmethoden interessieren, also etwa eine Behandlung mit Homöopathie (Seite 73) oder Akupunktur, suchen Sie mit Ihrem Kind einen Arzt/eine Ärztin auf, die sich auf die Behandlung von Allergien spezialisiert hat. Es gibt heute schon einige Allergologen, die Homöopathie und Akupunktur als zusätzliche Behandlungsalternativen anbieten.

Versuchen Sie nicht, Ihr Kind mit alternativen Heilmethoden allein zu behandeln, Sie könnten die Allergie damit unkontrolliert verschlechtern. Vertrauen Sie sich und Ihr Kind in jedem Fall einem erfahrenen Therapeuten an.

Mit Homöopathie nicht selbst behandeln

Die Übeltäter vermeiden

Mit den Allergieauslösern möglichst gar nicht in Kontakt zu kommen, ist immer noch die erfolgreichste und nebenwirkungsärmste Behandlungsmethode. Wenn Ihr Kind beispielsweise an einer Katzenallergie leidet, aber keinen Kontakt mehr mit Katzen hat, wird es auch ohne Medikamente völlig beschwerdefrei sein. Für viele Allergene ist das aber nur sehr schwer möglich, da sie weit verbreitet in der Umwelt vorkommen, so zum Beispiel Pollen und Schimmelpilze. Hausstaubmilben sind ebenfalls sehr problematisch: Selbst wenn die eigene Wohnung komplett saniert ist, wird das Kind bei Freunden und Verwandten und in der Schule doch immer wieder mit Hausstaubmilben in Kontakt kommen.

Manche Allergene sind überall

Beschwerdefrei ohne Milben & Co.

Praktische Tips, wie Sie grundsätzlich die Allergieauslöser in Ihrer Wohnung und in Ihrem Alltag vermeiden können, haben wir bereits im Kapitel »Allergien vorbeugen« gegeben (Seite 20–42). Nachfolgend finden Sie noch zusätzliche Ratschläge, was Sie tun können, wenn bei Ihrem Kind eine Allergie bereits festgestellt wurde.

Möglichst wenig Allergenkontakt

Tips bei Tierhaarallergien

Lesen Sie zunächst die allgemeinen Hinweise zu Tierallergenen Seite 30–31.
● Falls Ihr Kind eine Allergie gegen Ihr eigenes Haustier entwickelt hat, sollten Sie sich am

TIP!

Alle Empfehlungen, die wir im vorherigen Kapitel zur Vorbeugung gegen Allergien gegeben haben, gelten auch für ihre Behandlung. Hier noch einmal die Seitenzahlen für die wichtigsten Tips:
● bei Nahrungsmittelallergie, Seite 24–27
● bei Neurodermitis und Kontaktallergie, Seite 28–29
● bei Tierhaarallergie, Seite 30–31
● bei Allergie gegen Hausstaubmilben, Seite 31–33
● bei Schimmelpilzallergie, Seite 34–35
● bei Pollenallergie, Seite 35–36

besten von dem Tier trennen, auch wenn es schwer fällt.
● Wenn Sie's gar nicht übers Herz bringen, besteht noch die Möglichkeit, den Kontakt auf ein Minimum zu reduzieren, indem Sie das Tier aus der Wohnung fernhalten und ausschließlich draußen lassen. Das ist bei Hunden, Katzen, Kaninchen und einer Reihe von Vögeln möglich, wenn die Tiere einen geeigneten Schutzraum bekommen.
● Bei Katzen könnte die Allergenität durch wöchentliches Baden verringert werden – allerdings werden weder Sie noch Ihre Katze besonderen Gefallen daran finden.

Vom Haustier Abschied nehmen

Tips bei Allergie gegen Hausstaubmilben

Wie Sie Ihre Wohnung, das Kinderzimmer und das Kinderbettchen sanieren können, lesen Sie auf den Seiten 31–33 und 38. Hat eines Ihrer Kinder bereits eine Allergie entwickelt, müssen diese Maßnahmen noch etwas erweitert werden.
● In dem Zimmer, in dem das Kind schläft, sollten auch alle weiteren Betten – zum Beispiel von Geschwistern – mit waschbarem Bettzeug sowie milbendichten Matratzen- und Bettbezügen ausgerüstet sein.
● Schläft das Kind häufig im Bett

Vor allem das Bett sanieren

der Eltern, so muß auch dieses milbenfrei ausgestattet sein.

● Soweit möglich sollten Sie die Vorschläge zur allergenfreien Einrichtung des Kinderzimmers (Seite 38) auch auf die übrige Wohnung ausdehnen.

Gesund essen ohne Allergene

Den Speiseplan konsequent umstellen

Wenn bei Ihrem Kind eine Allergie auf Nahrungsmittel oder eine allergieähnliche Reaktion auf Nahrungsmittelzusatzstoffe festgestellt wurde, müssen Sie Ihren Speiseplan konsequent darauf einstellen. Handelt es sich nur um ein einzelnes Allergen, wie Nüsse, reicht es meist, nur diese zu meiden. Betrifft die Allergie aber eine ganze Gruppe von Nahrungsmitteln, etwa alle Milchprodukte, wird die tägliche Ernährung schon schwieriger.

Kinder brauchen ausreichend Nährstoffe

● Kinder brauchen während ihres Wachstums eine ausreichende Versorgung mit allen wichtigen Nährstoffen. Da Diäten zu Mangelernährung führen können, sollten Sie sie nur unter fachkundiger Beratung durch Ihren Kinderarzt oder eine Ernährungsberaterin durchführen.

● Wenn Sie die Allergenvermeidung konsequent durchhalten, kann mit etwas Glück eine Nahrungsmittelallergie auch wieder

»verschwinden«. Es ist daher sinnvoll, nach einigen Jahren mit Hilfe eines Provokationstests überprüfen zu lassen, ob die Allergie tatsächlich noch besteht.

Allergenarm kochen – aber wie?

Wie eingeschränkt Ihr Speisezettel zu Hause ist, hängt zuallererst davon ab, welche Nahrungsmittel Ihr Kind nicht verträgt. Daher lassen sich keine allgemeingülti-

Schmackhaft kochen ohne Allergene – dabei hilft Ihnen eine Ernährungsberaterin.

gen Rezepte geben. Holen Sie sich unbedingt Rat bei einer Ernährungsberaterin, die Ihnen bei der Zusammenstellung einer ausgewogenen Ernährung hilft. Anregungen finden Sie auch in speziellen Kochbüchern für Allergiker (Seite 92).

Gekocht ist besser als roh

● Generell kann man einige Lebensmittel empfehlen, die allergenärmer sind als andere, vor allem wenn sie gekocht werden:
Gemüse: Karotten, Kartoffeln, Süßkartoffeln (Batate), Blumenkohl, Brokkoli, Kohlrabi, Zucchini, Steckrüben, Fenchel
Obst: Apfel, Birne, Banane
Getreide: Hafer, Reis
Fleisch: Geflügel, Lamm, Rind.

Kohlrabi, Brokkoli und Blumenkohl werden meist gut vertragen.

● Allgemein gilt auch: Vollkornprodukte in größerer Menge oder Frischkornbrei, so gesund sie auch sein mögen, sind für kleine Allergiker nicht geeignet.
● Erhitzte Nahrungsmittel enthalten in aller Regel weniger Allergene als rohe, da die Struktur der Allergene durch die Hitze aufgespalten wird. Bei Gemüse und Obst ist dies meist der Fall.
● Einige andere Nahrungsmittel bleiben in jeder Form ein Problem, wie Hühnereiweiß, Fisch und Nüsse. Hier läßt sich das Allergen durch Kochen oder Backen nicht zerstören.
● Prinzipiell kann die ganze Familie die allergenarme Kost mitessen, da sie von der Zusammensetzung her ausgewogen sein sollte. Dann fühlt sich der kleine Patient auch nicht ausgeschlossen.
● Eine andere Möglichkeit ist, das Grundrezept aus verträglichen Zutaten zunächst für alle zuzubereiten und danach aufzuteilen: Für die gesunden Familienmitglieder wird dann beispielsweise Ei, Sahne oder Milch zugegeben, während die Extraportion für das allergische Kind mit Milchersatz oder Ei-Ersatz weiterverarbeitet wird.
● Beachten Sie beim Einkauf von Fertignahrung in Zukunft immer die Zutatenliste auf der Verpackung. Viele Produkte enthalten beispielsweise Milcheiweiß und sind deshalb für Milchallergiker nicht geeignet.

Kartoffeln gehören zu den allergenärmsten Nahrungsmitteln.

Was darf Ihr Baby essen?

Im Kapitel »Allergien vorbeugen« wird ausführlich auf die allergenarme Ernährung von Babys eingegangen (→ Seiten 20–27). Dort erfahren Sie alles übers Stillen,

Weglaß-Diät der Mutter, Fläschchennahrung, allergenarme Ersatznahrung und den Übergang zu allergenarmer Beikost.

Vorsicht, Kreuzallergie!

Bei Pollenallergien können durch die botanische Verwandtschaft zwischen der Pollenpflanze und bestimmten pflanzlichen Nahrungsmitteln sogenannte Kreuzallergien auftreten. Das bedeutet, daß ein Pollenallergiker auf einmal auch manche Nahrungsmittel nicht mehr verträgt. Die Unverträglichkeit macht sich häufig als Kribbeln oder Brennen in

Botanische Verwandtschaft

Mund oder Rachen bemerkbar. Wenn Ihr Kind davon spricht, sollten Sie zukünftig das betreffende Nahrungsmittel zumindest in roher Form meiden.

Ein Kribbeln oder Brennen im Mund

● Bei Baumpollenallergie sind oft Kern- und Steinobstsorten wie Apfel, Birne und Pfirsich oder auch Nüsse nicht verträglich.
● Bei einer Allergie gegen Gräser- und Getreidepollen können verschiedene Getreidesorten, aber auch Erdnüsse und Soja zum Problem werden.
● Besteht eine Beifußpollenallergie, können Gemüsesorten wie etwa Sellerie, aber auch viele Gewürze unverträglich sein.

WICHTIG

Die häufigsten Allergieauslöser in der Küche

Bitte lassen Sie in der Ernährung Ihres Kindes nicht auf einmal alle genannten Nahrungsmittel weg, das würde zu Mangelerscheinungen führen! Mit einer Weglaß-Diät kann man unter Umständen einem gesuchten Allergieauslöser auf die Spur kommen, aber bitte nur unter ärztlicher Betreuung!

Sehr häufige Nahrungsallergene sind:
● Milch und Milchprodukte
● Eier
● Fisch und Schalentiere
● Soja
● Hülsenfrüchte
● Frischhefe
● Nüsse
● Weizen, Roggen
● Kräuter/Gewürze und Sellerie.

Unverträglich sind oft auch:
● Zitrus- und Südfrüchte
● Erdbeeren, Beerenfrüchte
● Tomaten, Spinat
● Sauerkraut
● Schweinefleisch und Wild
● Schokolade
● geschwefelte Nahrungsmittel (Trockenobst, Meerrettich)
● Fertigprodukte mit Farb-, Konservierungs- oder Aromastoffen.

Was ist Hypo-
sensibilisierung?

Die einzige Möglichkeit, Allergien ursächlich zu behandeln, ist die sogenannte Hyposensibilisierung. Darunter versteht man eine schrittweise Gewöhnung des Körpers an das Allergen. Auf diese Weise kann die Empfindlichkeit gegen bestimmte Allergene gesenkt und unter Umständen sogar eine Heilung erreicht werden.

Gewöhnung an das Allergen

● Nach einem Behandlungsplan werden dem Körper in gewissen Abständen definierte kleine Mengen des betreffenden Allergens zugeführt. Die Menge des Allergens wird je nach Verträglichkeit ständig weiter gesteigert.

● Die Allergene werden entweder in Form von Tropfen unter die Zunge gegeben (sublinguale Hyposensibilisierung), oder die Lösung wird in den Oberarm gespritzt (subkutane Hyposensibilisierung). Die »Spritzentherapie« ist ohne Zweifel die wirkungsvollere Methode. Die Wirksamkeit der Hyposensibilisierung mit Tropfen konnte noch nicht zweifelsfrei nachgewiesen werden.

Allergen- lösung in den Oberarm

● Bis zu 20 Prozent der Behandelten sind nach einer »Spritzenkur« beschwerdefrei, also geheilt. Das klingt nicht viel, aber bei immerhin 70 Prozent der Patienten lassen die Beschwerden erkennbar nach.

● Ein weiterer Vorteil der Hyposensibilisierung ist, daß sich damit eine Verschlimmerung – der sogenannte Etagenwechsel – verhindern läßt: Aus einem allergischen Schnupfen entwickelt sich kein Asthma.

Wann kann Hypo-
sensibilisierung helfen?

Definiert man die eindeutige Verringerung der Beschwerden als Erfolg der Behandlung, so liegt die Erfolgsrate bei Insektengiftallergien am höchsten, nämlich bei 90 Prozent.

Sinnvoll ist eine Hyposensibilisierung auch bei Allergenen, die sich so gut wie nicht vermeiden lassen, weil sie überall vorkommen. Bei Pollenallergien beträgt die Rate der Besserung immerhin um die 80 Prozent, während bei Milben und Schimmelpilzen nur zwischen 50 und 70 Prozent der Patienten erfolgreich behandelt werden können.

Eine Besserung ist immer möglich

● Die Behandlung sollte in einer Zeit stattfinden, in der der kleine Patient nicht zusätzlich durch natürliche Allergene belastet ist. Deshalb wird eine Pollenbehandlung während der Pollenflugzeit auf ein Zehntel reduziert oder sogar unterbrochen.

● Aus dem gleichen Grund sollte vor einer Hyposensibilisierung mit Milben oder Schimmelpilzen die Wohnung saniert, also möglichst allergenfrei sein.

Die Wohnung vorher sanieren

● Wenn eine Allergie gegen mehrere Substanzen besteht, sollten nicht zu viele Allergene gleichzeitig verabreicht werden. Eine Mischung von ganzjährigen Allergenen (Milben oder Schimmelpilze) mit saisonalen Allergenen (wie Pollen) ist ungünstig.

Sie brauchen viel Geduld

Die Behandlung dauert mindestens drei Jahre, manchmal auch länger. Sie erfordert also einen großen zeitlichen Aufwand und Durchhaltevermögen von Eltern und Kind. Außerdem muß Ihr Kind alt genug sein und die Behandlung selbst wollen, damit es nicht vor jeder Spritze aufs neue Angst hat. Bei starken Allergien, die das alltägliche Leben des Kindes sehr beeinträchtigen, kann sich der Aufwand aber trotzdem lohnen.

Der Aufwand lohnt sich

Zu Beginn der Behandlung können die allergischen Reaktionen auf die Spritzen recht heftig sein, deshalb wird die Therapie manchmal in schwierigen Fällen in einer Klinik begonnen. Allgemeine allergische Reaktionen nach den Spritzen wie allergischer Schnupfen, Asthma oder Nesselsucht können vorkommen. Die normale Reaktion sind aber nur Rötung, Schwellung und

Juckreiz an der Einstichstelle. Nicht geeignet zur Hyposensibilisierung sind kleine Patienten mit schwerem Asthma bronchiale, denn es besteht sonst die Gefahr bedrohlicher Asthmaanfälle.

So verläuft die Behandlung

Nach einem bestimmten Zeitplan bekommt Ihr Kind regelmäßig eine kleine Menge einer Lösung, die das Allergen enthält, in den Oberarm unter die Haut ge-

Nach jeder Spritze wird eine Weile abgewartet, ob der kleine Patient sie auch gut verträgt.

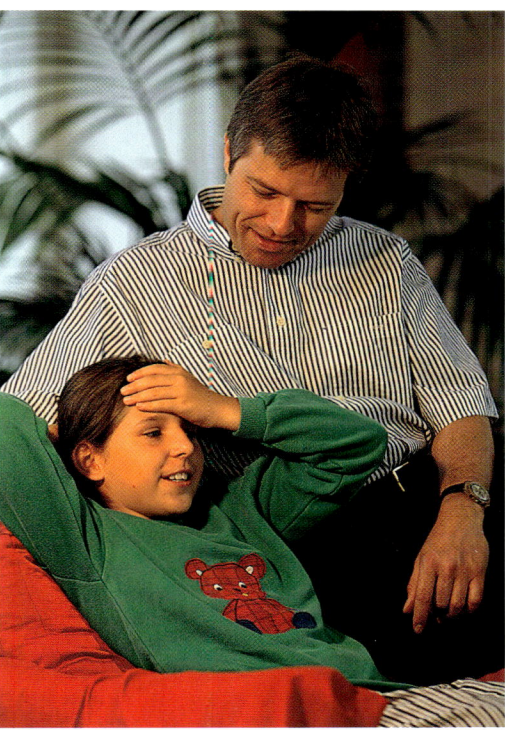

spritzt. Um unerwünschten Zwischenfällen vorzubeugen, sollten dabei ein paar Dinge beachtet werden.

Bitte beachten

Gesundheit ist Voraussetzung

● Ihr Kind sollte die Spritze nur erhalten, wenn es völlig gesund ist und gerade nicht unter allergischen Beschwerden oder Infekten leidet.

● Wenn es die Injektion gut verträgt, sind an der Einstichstelle nur örtliche Hautreaktionen bis maximal 5 Zentimeter Durchmesser zu sehen.

● Liegt die letzte Spritze länger als üblich zurück oder waren beim letzten Mal stärkere Reaktionen aufgetreten, wird der Arzt/die Ärztin die etwas Dosis verringern.

● Nach der Spritze muß der kleine Patient noch etwa 30 Minuten unter Beobachtung in der Praxis bleiben, da unerwünschte Reaktionen innerhalb von 20 Minuten auftreten können. In dieser Zeit kann es jedoch lesen oder Musik hören.

Körperliche Anstrengung meiden

● Am Tag der Behandlung sind körperliche Anstrengungen wie Sport und Schwimmen nicht erlaubt. Denken Sie ans Attest für die Schule!

● Falls eine unerwünschte allergische Reaktion auftritt, kann sie durch die Gabe eines antiallergischen Medikamentes reduziert werden, ohne daß darunter der Therapieerfolg leidet.

Hyposensibilisierung im Überblick

Ziel: Verringerung der Empfindlichkeit gegen bestimmte Allergene, eventuell sogar Heilung

Alter: ab Schulalter

Erfolgschancen: deutliche Verringerung der Beschwerden bei Insektengiftallergie 90 %, bei Pollenallergie 80 %, bei Hausstaubmilbenallergie 60–70 %, bei Schimmelpilzallergie 50–60 %

Durchführung: In bestimmten zeitlichen Abständen werden kleine Mengen einer Allergenlösung in den Oberarm unter die Haut gespritzt. Wird die Spritze gut vertragen, erhöht sich die Dosis langsam, solange bis sich der Körper an das Allergen gewöhnt hat.

Vorteile: In Fällen, in denen Allergenvermeidung kaum möglich ist, eine gute Alternative zur medikamentösen Behandlung; verhindert bei allergischem Schnupfen den Etagenwechsel zum Asthma

Nachteile: Langwierige etwa 3jährige Behandlung; Erfolg ist nicht garantiert; nach den Spritzen sind unerwünschte Wirkungen möglich (allergischer Schnupfen, Asthmaanfall, Hautausschlag), bei richtiger Dosierung jedoch selten

Ausnahmen: nicht geeignet bei Neurodermitis und langjährigem allergischem Asthma

Medikamente zur Linderung der Beschwerden

Medikamente können eine Allergie nicht heilen, sie können nur unangenehme Beschwerden verhindern oder sie zumindest deutlich lindern.

Medikamente können Allergien nicht heilen

Es gibt viele Situationen, in denen es nicht möglich ist, einen Kontakt mit dem Allergen zu vermeiden. Die Beschwerden können dann so stark werden, daß das alltägliche Leben sehr beeinträchtigt wird – etwa bei starkem Heuschnupfen oder gar Asthmaanfällen zur Pollenflugzeit. In dieser Zeit sollten Sie bei Ihrem Kind mit Medikamenten vorbeugen oder zumindest Medikamente für den Notfall bereit halten.

Bei allergischen Erkrankungen werden hauptsächlich zwei Medikamententypen zur Behandlung eingesetzt:

Mit Medikamenten vorbeugen

● **Antiallergische Mittel:** Sie unterdrücken die allergische Reaktion des Körpers auf das Allergen (dazu gehören die Antihistaminika und Mastzell-Stabilisatoren).

● **Antientzündliche Mittel:** Sie verhindern die Auswirkungen der allergischen Reaktion, also etwa die Entzündung der Haut oder der Schleimhäute (wie Kortison).

Antiallergische Medikamente

Diese Substanzen werden entweder als Tabletten oder Tropfen geschluckt und wirken dann im ganzen Körper, oder sie werden am betroffenen Organ angewendet, zum Beispiel als Augentropfen, Nasenspray oder Dosieraerosol zum Inhalieren.

Antihistaminika

Dies sind die bekanntesten Medikamente bei Allergien. Sie sind, wie der Name schon sagt, gegen das Histamin gerichtet, das bei einer allergischen Reaktion eine so große Rolle spielt (Seite 9). Sie können die Wirkung des Histamins abschwächen oder sogar aufheben und sind bei allen Allergieformen geeignet. Antihistaminika können über einen begrenzten Zeitraum regelmäßig eingenommen werden, zum Beispiel während der Pollenflugzeit. Hat Ihr Kind nur gelegentlich Beschwerden, zum Beispiel starken Juckreiz, geben Sie sie bei Bedarf. Sie können sie auch vorbeugend einsetzen, etwa wenn Ihr Kind eine Tierhaarallergie hat und es die Oma oder den Freund mit Hund besuchen will.

Medikamente können helfen, die Beschwerden zu erleichtern.

● Antihistaminika gibt es schon lange. Die älteren Wirkstoffe wie Dimetinden, Clemastin oder Doxylaminsuccinat machen relativ müde, was tagsüber ungünstig ist – sie sollten besser abends eingenommen werden. Sie helfen gut gegen nächtlichen Juckreiz.

Die neuen Mittel machen nicht mehr müde

● Die neueren Antihistaminika wie Cetirizin, Loratadin oder Terfenadin machen weniger oder gar nicht müde. Cetirizin und Loratadin haben darüber hinaus

> **WICHTIG**
>
> Bei Kindern werden Medikamente nicht nach dem Alter, sondern nach dem Körpergewicht dosiert. Die Menge muß daher für jedes Kind gesondert berechnet werden. Lassen Sie sich die Dosierung des verschriebenen Medikaments vorher von Ihrem Arzt/Ihrer Ärztin genau erklären.

noch den Effekt, daß sie bei regelmäßiger Gabe einen Wechsel der Allergie von der Haut (Neurodermitis) zu den Atemwegen (Asthma) verhindern können.

● Der Wirkstoff Ketotifen hat den Nachteil, daß er zu unerwünschter Appetitsteigerung führt.

● Der Wirkstoff Tritoqualin hat einen etwas anderen Wirkmechanismus: Er hemmt die Produktion von Histamin im Körper. Er kann mit den Histamin-neutralisierenden Substanzen bei Bedarf kombiniert werden.

Mastzell-Stabilisatoren

Mastzellen sind diejenigen Körperzellen, die das Histamin speichern und bei einer allergischen Reaktion ausschütten (Seite 9). Bestimmte Wirkstoffe können die Zellmembran der Mastzellen stabilisieren, so daß sie nicht so leicht platzen.

● Der hauptsächliche Wirkstoff heißt Cromoglicinsäure (auch kurz DNCG) und ist das nebenwirkungsärmste antiallergische Medikament, das heute bekannt ist. Es ist bei Kindern meist gut wirksam und kann falls notwendig auch mit anderen Antiallergika kombiniert werden.

Chromoglicin wirkt nicht sofort

● Der Nachteil: Cromoglicinsäure hilft erst nach einer längeren Anwendungszeit, das heißt, nur eine regelmäßige Einnahme bringt den gewünschten Erfolg. Es ist nicht geeignet, um plötzlich auftretende Beschwerden zu bekämpfen.

Kortison: hochwirksam oder Teufelszeug?

»Um Gottes Willen, bloß kein Kortison!« Das Medikament hat einen so schlechten Ruf, daß niemand ewas damit zu tun haben möchte. Das liegt sicher daran, daß es zu Beginn – vor lauter Begeisterung über seine außergewöhnlichen Eigenschaften – viel zu häufig und viel zu lange einge-

Kortison ist besser als sein Ruf

Nebenwir-
kungen bei
längerer
Anwendung

setzt wurde. Nach und nach wurde erst erkannt, welche Nebenwirkungen es bei zu langer Anwendung haben kann.

Das ändert aber nichts daran, daß es für Allergiker ein wichtiges Notfall-Medikament ist, das sie vor zum Teil lebensbedrohlichen Zuständen retten kann. Kortison ist nämlich das wirksamste antiallergische-antientzündliche Medikament schlechthin. Und es ist für alle notwendigen Anwendungsgebiete verfügbar: Bei akuten allergischen Reaktionen wird es gespritzt oder als Tablette gegeben beziehungsweise bei Kleinkindern als Zäpfchen eingeführt. Bei Asthma bronchiale kann es als Dosieraerosol (Spray) oder über ein Inhaliergerät eingeatmet werden. Es

Wichtig bei
akuten aller-
gischen
Reaktionen

gibt bei schwerem Heuschnupfen Tropfen für die Augen sowie Sprays für die Nase und natürlich bei Ekzemen Cremes und Salben für die Haut.

Was ist Kortison?

Kortison ist ein natürliches Hormon, das von unserer Nebennierenrinde produziert wird. Diese körpereigene Kortisonproduktion ist für den Menschen lebensnotwendig: Sie hält unseren Stoffwechsel im Gleichgewicht, wirkt entzündungshemmend und kann das bei manchen Er-

krankungen überaktive Immunsystem dämpfen.

Bei Einnahme von Kortison über Wochen und Monate können in der Tat Nebenwirkungen auftreten: Gewichtszunahme, Wasseransammlungen im Gewebe, erhöhter Blutdruck, Stoffwechselstörungen und speziell bei Kindern gestörtes Längenwachstum.

Die Nebenwirkungen treten vor allem bei langfristiger Tabletteneinnahme auf. Zur Vermeidung von Hautschäden sollte Kortison möglichst nur 2 bis 4 Wochen hintereinander angewendet werden.

Die Schleimhäute der Atemwege reagieren jedoch nicht mit irreversiblen Schäden, so daß bei Asthmatikern Kortison zum Inhalieren häufig und längerfristig (zum Teil als Dauertherapie über mehrere Monate) eingesetzt werden kann.

Kortison ist
ein körper-
eigenes
Hormon

WICHTIG
Im Notfall

Kortison ist das wichtigste Notfall-Medikament für alle allergischen Reaktionen, das auch in lebensbedrohlichen Situationen helfen kann! Wird es in dieser Funktion kurzfristig und eventuell auch hochdosiert eingesetzt, verursacht es keine Schäden.

Dosieraero-
sole sind
kleine
Spraydosen
mit Mund-
stück zum
Einatmen
des Medi-
kaments.

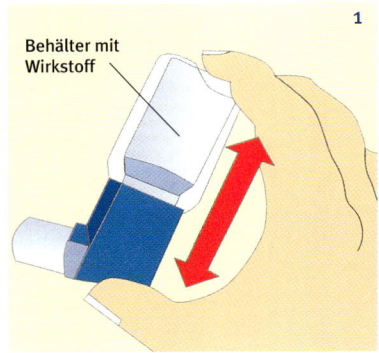

Behälter mit Wirkstoff

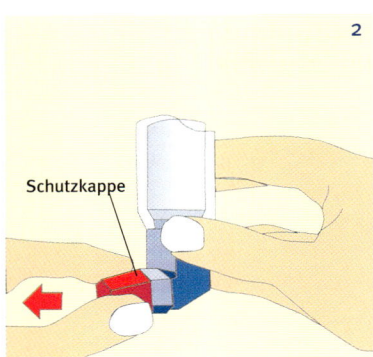

Schutzkappe

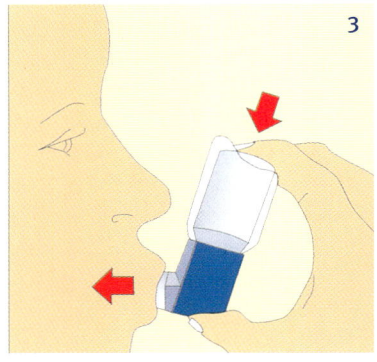

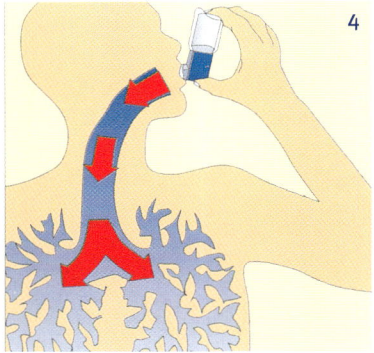

Spezielle Asthmamedikamente

Da Asthma eine Erkrankung der Bronchien ist, werden hauptsächlich Medikamente zum Inhalieren eingesetzt. Man unterscheidet zwei Medikamententypen:
● **antientzündliche Mittel** zur Vorbeugung und
● **bronchienerweiternde Mittel** für akute Beschwerden. Asthmamedikamente werden heute meist als Dosieraerosole verabreicht. Das Arzneimittel ist in einer kleinen Spraydose mit Plastikaufsatz und einem Mundstück. Zunächst den Behälter schütteln (Bild 1) und die Schutzkappe abziehen (Bild 2). Durch Drücken der Spraydose wird eine definierte Menge des Medikaments in den Mund gesprüht, ein sogenannter »Hub« (Bild 3). Wenn der kleine Patient gleichzeitig einatmet, gelangt der Wirkstoff direkt in die Bronchien (Bild 4). Das erfordert ein bißchen Übung, ist aber nicht unangenehm, und auch Kinder lernen es bald.

Drauf-
drücken und
dabei
einatmen

Antientzündliche Asthmamittel

Diese Medikamente dienen vor allem der Vorbeugung und müssen regelmäßig angewendet werden. Sie wirken erst nach längerer Einnahme und sind bei einem akuten Asthmaanfall nicht einsetzbar.

Zu dieser Gruppe zählen die vorhin schon erwähnte Cromoglicinsäure (Seite 66), der Wirkstoff Nedocromil, außerdem Kortison zum Inhalieren (Seite 67). Lesen Sie dazu auch Seite 80 im Kapitel »Asthma«

Einer Entzündung der Bronchien vorbeugen

Bronchienerweiternde Asthmamittel

Bronchienerweiternde Medikamente sind auch bei akutem Bedarf, also bei einem Asthmaanfall, wirksam. Besonders bei Kindern werden diese Mittel zum Teil auch regelmäßig angewendet, da Kinder in ihrem Bewegungsdrang körperliche Belastungen nicht exakt »vorausplanen« und nicht wie Erwachsene dazu gebracht werden können, das Spray jeweils kurz vorher zu benutzen.

Wirksam bei akuten Asthmabeschwerden

● Als die typischen »Asthmasprays« sind die Betamimetika bekannt, die im Bedarfsfall inhaliert oder bei nächtlichem Asthma abends vor dem Schlafen einge-

Medikamente für den Notfall

Tritt bei Ihrem Kind unvorhergesehen eine heftige allergische Reaktion auf, ist das allerwichtigste: Bewahren Sie Ruhe! Damit helfen Sie Ihrem Kind am meisten. Als Faustregel gilt: Immer zuerst ein Notfall-Medikament geben, dann zum Telefon und den Arzt oder Notarzt rufen!

Dies sind Beispiele für Medikamente, die bis zum Eintreffen des Arztes helfen:

● **Zyrtec®-Tropfen** (bei allgemeinen allergischen Reaktionen): kleinere Kinder erhalten 20 Tropfen, Kinder ab 10 Jahren 40 Tropfen.

● **Infectokrupp® Inhal** (bei akuter Atemnot oder akutem Zuschwellen des Rachens; es enthält Adrenalin zum Inhalieren): geben Sie zunächst 1 bis 2 Hübe des Sprays, eventuell nach 5 bis 10 Minuten wiederholen.

● **Celestamine N 0,5 liquidum®** (flüssiges Kortisonpräparat, bei lebensbedrohlichen Zuständen): Tropfansatz entfernen, Kleinkinder erhalten die Hälfte des Inhaltes, größere Kinder das ganze Fläschchen (30 ml) zu trinken.

nommen werden. Ähnlich wirkt auch die Substanz Orciprenalin.

● Der Wirkstoff Theophyllin wird meist als Kapseln regelmäßig eingenommen und wirkt sowohl bronchienerweiternd als auch antientzündlich.

● Beim akuten Asthmaanfall kann auch Kortison gespritzt oder eingenommen werden, sehr kleine Kinder erhalten Zäpfchen.

Hilfreiche Begleittherapien

Es gibt eine Reihe von Begleittherapien und alternativen Heilmethoden, die die Behandlung von Allergien sehr gut unterstützen. Sie lindern nicht nur die Beschwerden, sondern können gerade Kindern helfen, ihre allergische Erkrankung besser zu verstehen und sie aktiv zu bewältigen. Genauere Informationen erhalten Sie in allergologischen Fachpraxen und Allergiekliniken, bei Ihrer Krankenkasse sowie bei Allergie-Selbsthilfegruppen (Adressen, Seite 92).

Der Krankheit aktiv begegnen

Asthmasport

Unter Anleitung eines Sporttherapeuten machen Kinder geeignete Sportarten wie Schwimmen, Mannschaftsspiele oder gymnastische Übungen. Dabei lernen sie zu Beginn das sogenannte Intervalltraining, so daß beim nachfolgenden Sport kein Anstrengungsasthma mehr auftritt. Kontrollen mit dem Peak-Flow-Meter (Seite 83) zeigen an, wie weit sich das Atemvolumen verbessert und vermitteln ein Erfolgserlebnis. Diese Therapie ist in spielerischer Form für Kinder ab dem Vorschulalter geeignet.

Körperliche Belastung trainieren

Atemtherapie

Praktische Übungen und Hilfestellungen zeigen kleinen Asthma-Patienten, wie sie mit den Schwierigkeiten ihrer Erkrankung besser umgehen können. Das Ziel der Atemtherapie ist die Dehnung und Kräftigung der Atemmuskulatur und damit auf Dauer eine Erleichterung der Beschwerden bei allergischem Asthma bronchiale.
Unter anderem lernen die Kinder auch das richtige Verhalten bei einem Asthmaanfall: etwa atemerleichternde Körperhaltungen und das Einsetzen der sogenannten Lippenbremse beim Ausatmen. In spielerischer Form ist diese Therapie ab dem Vorschulalter geeignet.

Entspannung und innere Ruhe durch Autogenes Training verbessern auch bei Kinden die Krankheitssymptome.

Entspannungsmethoden

Ängste, innere Anspannung oder Bewegungsunruhe verschlechtern auch bei Kindern die Krankheitssymptome. Hier können verschiedene Entspannungsmethoden wie Autogenes Training oder Progressive Muskelentspannung helfen. Entsprechende Kurse eignen sich für größere Kinder ab 8 bis 9 Jahren. Für kleinere Kinder gibt es sogenannte Phantasiereisen, die sie mit Hilfe von märchenhaften Texten und Musik in einen entspannten Zustand versetzen.

Phantasiereisen zur Entspannung

Schulungsprogramme

Allergien sind letztendlich chronische Erkrankungen, mit denen das Kind unter Umständen ein Leben lang zurechtkommen muß. Seit einigen Jahren bieten Allergie- und Asthmakliniken und Allergieambulanzen Trainingsprogramme an, in denen die Kinder Selbstsicherheit im Umgang mit ihrer Erkrankung erlernen können. Angeboten wird ein spezielles Asthma-Verhaltenstraining für Kinder ab dem Vorschulalter oder auch Verhaltenstraining für Neurodermitiker etwa ab 8 Jahren (mit der Hilfe von »Pinguin Pinky«). Dabei wird in einer Gruppe gleichaltriger Kinder das nötige

Selbstsicherheit im Umgang mit der Krankheit

Wissen über die Krankheit vermittelt, das Erkennen von Krankheitsvorboten und die selbständige Anwendung von Medikamenten eingeübt. Entspannungstechniken, geeignete Sportarten sowie psychologische Hilfen bei Verhaltensstörungen ergänzen das Programm.

Klimakuren

Je nach Alter können Kinder zusammen mit den Eltern oder gemeinsam mit anderen Kindern

Ein Urlaub oder eine Klimakur am Meer lindern bei vielen Kindern die Beschwerden.

die Ferien in einer Klimazone verbringen, die ihrer Erkrankung besonders gut tut. Es bieten sich dafür Hochgebirgs-, See- oder Wüstenklima an. Zum einen handelt es sich quasi um »allergenfreie Zonen«, zum anderen übt das dort herrschende Reizklima eine heilende Wirkung aus. Allerdings kann sich das Reizklima am Meer im Winter auch belastend auswirken. Wenn Ihrem Kind das Seeklima nicht bekommt, fahren Sie beim nächsten Mal ins Hochgebirge.

Reizklima hat eine heilende Wirkung

Homöopathie lindert Beschwerden

Bei manchen Kindern ist eine homöopathische Behandlung zur Linderung der Beschwerden sehr gut wirksam. Dazu sollte ein kundiger Homöopath das erforderliche Medikament individuell für den kleinen Patienten nach der Ähnlichkeitsregel auswählen.

WICHTIG

Bitte versuchen Sie nicht, Ihr Kind auf eigene Faust mit Homöopathie zu behandeln. Sie könnten mit dem falschen Medikament eine Verschlechterung der Allergie auslösen. Setzen Sie auch nicht ohne Rücksprache mit ihrem behandelnden Arzt Allergie-Medikamente wegen einer homöopathischen Behandlung ab. Sie können Ihrem Kind damit schaden.

Wenn Sie sich für diese Behandlungsmethode interessieren, suchen Sie am besten einen Facharzt für Allergologie auf, der gleichzeitig auch Homöopathie als alternative Heilmethode anbietet. So können Sie gemeinsam entscheiden, welche Art von Behandlung für Ihr Kind im Augenblick die beste ist.

Facharzt für Allergologie und Homöopathie

Darmsanierung unterstützt die Heilung

Der Darm ist für den Menschen das, was für die Pflanze die Wurzeln sind. Mit seiner Hilfe ernähren wir uns, er ist aber auch unser wichtigstes Ausscheidungs- und Entgiftungsorgan. Im Darm sitzt zudem ein Großteil unseres körpereigenen Abwehrsystems: Eine ganze Reihe nützlicher, auf der Darmschleimhaut lebender Bakterien schützen den Darm und helfen ihm bei seinen Aufgaben.

Ein gesunder Darm wehrt Allergene ab

Wenn diese gesunde Darmflora gestört ist, können sich unerwünschte Bakterien oder auch der Hefepilz Candida einnisten, die eine Entzündungsreaktion hervorrufen. Eine entzündlich veränderte Darmschleimhaut führt aber wiederum dazu, daß Allergene nicht verdaut werden, sondern vermehrt in den Körper eindringen können. So wächst die Gefahr einer Allergie.

Candida-Behandlung

Die Erfahrung zeigt, daß sich vor allem bei Neurodermitis der Zustand der Haut durch eine erfolgreiche Candida-Behandlung sehr verbessern kann. Eine Behandlung der Darmflora ist allerdings nur in Kombination mit Allergenvermeidung und antiallergischen Medikamenten empfehlenswert.

Den Hefepilz Candida vertreiben

● Zunächst muß der Hefepilz Candida im Darm abgetötet werden. Dazu empfiehlt sich ein Präparat mit dem Wirkstoff Nystatin, der aus dem Darm nicht in den Körper übertritt, ihn also nicht belastet.

● Anschließend muß der Aufbau der gesunden Darmflora wieder angeregt und unterstützt werden. Bei Allergikern, vor allem Neurodermitikern, fehlen meist milchsäurebildende Bakterien wie Laktobazillen und Bifidobakterien.

● Die erwünschten Milchsäurebakterien brauchen, um wachsen zu können, die richtige »Nahrung«. Sie können dazu das Präparat Lactulose aus der Apotheke kaufen oder – sehr viel einfacher – Ihrem Kind Sauermilchprodukte wie Joghurt mit lebenden, rechtsdrehenden Bakterienkulturen zu essen geben.

Rechtsdrehende Milchsäurebakterien für den Darm

Sauermilchprodukte wie Buttermilch, Joghurt und Kefir unterstützen den Aufbau einer gesunden Darmflora.

Natürlich darf Ihr Kind in diesem Fall keine Milchallergie haben.

Immunstärkende Präparate

Es gibt noch zusätzliche Mittel, die die Darmschleimhaut dazu anregen, immunstärkendes IgA zu bilden (Seite 21). Es handelt sich um Bakterienpräparate (besonders von Escherichia coli, das üblicherweise im menschlichen Darm vorkommt) oder um Präparate mit Stoffwechselprodukten von Bakterien. IgA kann das Immunsystem gegen Krankheitserreger stärken und überschießende Abwehrreaktionen wie Allergien dämpfen. Diese Medikamente sollte Ihr Kind aber nur nach einer vorherigen Untersuchung des Stuhls und in Abstimmung mit Ihrem Arzt/ Ihrer Ärztin einnehmen.

Der Allergiealltag

Was Familien leisten

Psychische Belastung der Familie

Alle in diesem Buch beschriebenen Maßnahmen zur Allergiebehandlung bedeuten für die betroffenen Familien einen enormen Mehraufwand und erfordern große Disziplin – besonders von den Müttern. Denn ein allergiekrankes Kind zu betreuen, heißt an vielen Fronten zu kämpfen. Es muß nicht nur die Therapie konsequent und oft gegen den Widerstand des Kindes durchgehalten werden, die Krankheit bringt auch erhebliche psychische Belastungen mit sich.

Wie motiviere ich mein Kind?

Nicht anders als die anderen sein wollen

In vielen Bereichen muß sich ein allergiekrankes Kind anders verhalten als ein gesundes. Es gibt Phasen in der Entwicklung, in denen das Kind einfach nicht mehr mitmachen will, weil es diese Ausgrenzung nicht mehr erträgt und so sein will wie alle anderen Kinder. Helfen Sie Ihrem Kind dabei, mit der Er-

krankung selbstverständlich und auch selbstbewußt umzugehen, das wird auch Sie selbst entlasten.
● Kinder, die bereits eine schwere allergische Sofortreaktion mit Gesichtsschwellung oder einen Asthmaanfall durchmachen mußten, verzichten oft schon im Kleinkindesalter freiwillig ohne wiederholte Ermahnung auf den Auslöser ihrer Allergie, wenn sie den Zusammenhang selbst herstellen können.
● Bei anderen Kindern hilft wiederum nur die Information aller Kontaktpersonen, um allergische Reaktionen zu vermeiden.

Allergiekranke Kinder haber es von klein auf nicht leicht. Sie brauchen die seelische Unterstützung ihrer Eltern.

● Bedauern Sie Ihr Kind nicht,
daß es dies und jenes nicht essen
darf. Die Diät sollte als etwas
ganz Selbstverständliches be-
trachtet und gehandhabt werden.
Ihr Kind kann letztendlich nicht
motivierter sein als Sie selbst es
sind!

● Schimpfen Sie nicht bei Diät-
fehlern – Ihr Kind wird aus den
unangenehmen Folgen (Juck-
attacken, Hautverschlechterung,
Asthmaanfall) von selbst lernen,
wenn es die Zusammenhänge
verstanden hat.

● Bitten Sie Ihr Kind, Diätfehler
zuzugeben, dann wissen Sie, daß
die verordnete Diät ausreichend
ist, wenn sie konsequent einge-
halten worden wäre. Andernfalls
vermuten Sie sonst bei jeder Verschlimmerung, daß die ganze Behandlung falsch ist.

**Sie er-
reichen
Ehrlichkeit
nicht durch
Schimpfen**

Konsequent sein

● Probleme bereitet oft die regelmäßige Medikamenteneinnahme
oder das tägliche Eincremen, besonders, wenn die Beschwerden
zurückgegangen sind. Wenn Ihr
Kind vor der Einnahme prote-
stiert, stellen Sie keine Fragen wie:
ob es denn nicht gesund werden
wolle? Üblicherweise kommt
dann nämlich im Brustton der
Überzeugung ein lautes »Nein!«
Argumentieren ist in einem solchen Moment völlig ungeeignet.

● Das bessere Rezept: Nachdem
Sie anfangs genau erklärt haben,
wie die Medikamente eingenommen werden und warum man sie
regelmäßig anwenden muß, sollten Sie sich nicht mehr auf Dis-
kussionen oder Verzögerungstak-
tiken einlassen. Werden Sie nicht
ärgerlich und lassen Sie sich
nicht provozieren. Durch ruhiges
und konsequentes Verhalten der
Eltern akzeptieren die Kinder
viel eher, daß die betreffende
Maßnahme erforderlich ist.

**Lassen Sie
sich nicht
provozieren**

● Lassen Sie Ihr Kind je nach Alter und Fähigkeiten bei der Therapie so viele Handriffe wie möglich selbst und eigenverantwortlich durchführen, das stärkt sein
Selbstvertrauen und erhöht die
Motivation.

**Oft gibt es
Kämpfe um
das regel-
mäßige In-
halieren der
Medikamen-
te. Überlas-
sen Sie
möglichst
viel Ihrem
Kind.**

Die Krankheit als Waffe

Wenn Ihre Kinder selbstverständlich und selbstbewußt mit ihrer Erkrankung umgehen, bleiben sie seelisch gesund.

Manche Kinder haben gelernt, die Krankheit zu ihrem Nutzen einzusetzen und ihre Umgebung zu manipulieren. Einige Asthmakinder können durch zu schnelles Atmen Atemnot hervorrufen oder sich in einen Asthmaanfall »hineinhusten«, Kinder mit Neurodermitis setzen oft gezielt das Kratzen als nervenzerrendes Druckmittel ein. Sie sollten in beiden Fällen nicht weiter darauf eingehen, sondern das Kind ruhig zur Inhalation, zur Anwendung seines Sprays oder zum Eincremen anhalten.

Gleichgültig, unter welcher Allergie Ihr Kind leidet, versuchen Sie in jedem Fall, die Krankheit nicht allzu sehr in den Vordergrund zu stellen. Wird Ihr Kind ständig daran erinnert und als Kranker behandelt, wird es sich krank fühlen und sich auch so verhalten. Das schadet dem körperlichen und seelischen Wohlbefinden! Lernen Kinder, mit ihrer Allergie »ganz normal« umzugehen, entwickeln sie dabei oft auch eine nützliche Portion Selbstvertrauen.

So normal wie möglich leben

Die Allergie wächst mit

Je älter das Kind, desto größer sein Aktionsradius: Deshalb sollten neben Verwandten und Bekannten auch Bezugs- und Betreuungspersonen in Kindergarten und Schule über die Allergie informiert sein.

Informieren Sie die Lehrer

● Lehrer und Kindergärtnerinnen sollten genau über die üblicherweise auftretenden Beschwerden sowie über Medikamente und Notfallmaßnahmen Bescheid wissen.
● Stellen Sie eine kleine Liste zusammen, die Sie für alle Bezugs-

personen kopieren. Vergessen Sie die Telefonnummern von (Not-) Arzt und Eltern (an der Arbeitsstelle) nicht.

● Bitten Sie die Lehrer, die Beschwerden Ihres Kindes grundsätzlich ernst zu nehmen und es nicht als Drückeberger hinzustellen, wenn es etwa wegen Atemnot beim Sport nicht mithalten kann.

● Und die Zukunft nach der Schulzeit? Wenn ernste allergische Beschwerden bestehen, ist es nicht sinnvoll, Berufe mit erhöhtem Allergierisiko zu wählen. Wenn es soweit ist, lassen Sie sich vor der Berufswahl von Ihrem Arzt/Ihrer Ärztin oder auch durch die Berufsberatung beim Arbeitsamt genauer informieren.

Nicht jeder Beruf ist geeignet

Selbsthilfegruppen bieten Unterstützung

Niemand ist vollkommen – wer wüßte das besser als gestreßte Eltern. Wenn Sie sich mit dem, was zwangsläufig nach der Diagnose einer allergischen Erkrankung auf Sie zukommt, überfordert fühlen, sollten Sie Mitglied in einer Selbsthilfegruppe werden. In den Selbsthilfegruppen haben sich Betroffene und Eltern organisiert, um Erfahrungen und Informationen auszutauschen, Expertenrat zu vermitteln oder auch, um sich einfach die Probleme von der Seele zu reden. Adressen und Anschriften finden Sie im Anhang (Seite 92).

Finanzielle Hilfen

Alles kostet neben Nerven und Zeit auch viel Geld. Verzagen Sie nicht, es gibt finanzielle Hilfen.

● Notwendige Sanierungsmaßnahmen bei nachgewiesener Allergie gegen Hausstaubmilben werden zum Teil von den Krankenkassen übernommen. Allerdings muß dafür ein ärztliches Attest vorliegen.

Sprechen Sie mit Ihrer Krankenkasse

● Bei Vorlage einer ärztlichen Verordnung werden manchmal auch die Kosten für eine Hydrolysaternährung bei Säuglingen übernommen. Doch ein Rechtsanspruch darauf besteht leider nicht.

● In Fällen, in denen die Krankenkasse nichts erstattet, können die Kosten auch als »außergewöhnliche Belastung« von der Steuer abgesetzt werden. Dazu müssen Sie alle entsprechenden Rechnungen sammeln und zusammen mit einem ärztlichen Attest, das die medizinische Notwendigkeit dieser Maßnahmen belegt, beim Lohnsteuerjahresausgleich oder der Einkommensteuererklärung dem Finanzamt einreichen.

Ein ärztliches Attest ist Voraussetzung

Praxis Spezial: Die allergischen Krankheitsbilder

Asthma bronchiale

Unter Asthma versteht man anfallsartig auftretende Atemnot. Kinder, und besonders kleine Kinder, können aber oft noch nicht ausdrücken, worunter sie leiden, und klagen demzufolge auch nicht darüber. Bei ihnen führt nur genaues Beobachten der Symptome auf die richtige Spur:

Atemnot durch verengte Bronchien

- Asthma bei Kleinkindern äußert sich zunächst durch nächtlichen Husten, teilweise bis hin zum Erbrechen.
- Ein weiteres Warnsignal ist Husten bei körperlicher Belastung, wie Rennen und Toben, aber auch beim Lachen. Diese Hustenattacken sind Ausdruck einer Überempfindlichkeit der Bronchien. Sie reagieren krankhaft auf ganz alltägliche Reize – wie körperliche Belastung, nebliges oder kaltes Wetter, Zigarettenrauch oder Autoabgase –, die Gesunde ohne Probleme verkraften können.

Auf erste Anzeichen achten

- Oft bemerken die Eltern kleiner Kinder auch pfeifende oder brummende Geräusche beim Atmen. Sie treten entweder nachts beim Schlafen, bei plötzlicher körperlicher Belastung oder bei Erkältungen auf.

Die Ursachen

Die Ursache für ein überempfindliches Bronchialsystem ist die Entzündung der Bronchialschleimhaut. Diese kann allergisch oder durch einen Infekt bedingt sein. Bei einem Asthmaanfall kommt es dann zu einer plötzlichen Verengung der Bronchien:

Eine Entzündung ist die Ursache

- Die ringförmig um die Bronchien verlaufende Bronchialmuskulatur verkrampft sich, so daß die Atemwege eingeengt werden (siehe Zeichnung rechts).
- Durch die permanente Entzündung der Bronchien sind die

WICHTIG
Bronchitis oder Asthma?

Asthma bronchiale wird häufig mit einer spastischen Bronchitis verwechselt. Wenn ein Kind aber häufiger als dreimal pro Jahr eine Bronchitis hat, Allergien nachgewiesen wurden und immer wieder Atemnot bei Belastungen besteht, kann man davon ausgehen, daß es sich um allergisches Asthma handelt.

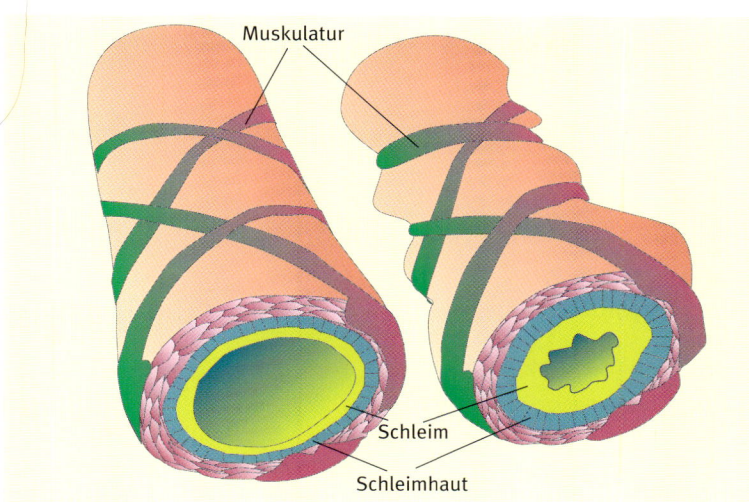

Muskulatur

Schleim

Schleimhaut

Links gesunde, rechts erkrankte Bronchien: die Muskulatur ist verkrampft, die Schleimhaut geschwollen, und zäher Schleim verengt die Atemwege.

Schleimhäute geschwollen, und es bildet sich ein zäher Schleim, der die Atemwege noch weiter verengt. Typisch für Asthma ist, daß vor allem die Ausatmung erschwert ist.

Häufigkeit bei Kindern

Heute leiden bereits 10 Prozent aller Kinder unter Asthma, Jungen sind etwas stärker betroffen als Mädchen. Asthma ist somit eine der häufigsten chronischen Erkrankungen im Kindesalter. Es gibt Asthmaformen, die nicht allergisch sondern nur durch Infekte bedingt sind, und Asthmaformen, die ausschließlich durch Allergien hervorgerufen werden. Beide reinen Formen sind aber nicht sehr häufig.

Zwei verschiedene Asthma-Formen

Die meisten Kinder leiden unter einer Mischform: Auslöser sind sowohl Allergene als auch akute Infekte, das heißt das Kind reagiert auf beides mit Asthma.
Mit zunehmendem Alter bessern sich bei etwa 40 Prozent der Kinder die Asthmabeschwerden, so daß sie als Erwachsene nicht mehr unter Asthma leiden müssen. Insbesondere Kinder ohne nachweisbare Allergien haben Aussicht auf Besserung.

Je älter desto weniger Beschwerden

Die Allergensuche

Alles, was eine Allergie auslösen kann, kann auch zu allergischem Asthma führen. Auslöser sind also nicht nur Allergene, die eingeatmet werden, wie Hausstaubmilben, Tierhaare, Schimmelpilze, Baum-, Gräser-, Getreide- und Kräuterpollen, sondern auch Nahrungsmittel (häufig Ei, Fisch und Nüsse).

Alle bekannten Allergene kommen in Frage

● Zur Orientierung, um welche Allergengruppe es sich handeln könnte, eignet sich in erster Linie der Pricktest (Seite 49).

● Eindeutiger ist noch ein nasaler Provokationstest (Seite 53), mit dem sich, wenn die Prickreaktion nur schwach ausgeprägt war, die Allergie eindeutig nachweisen oder ausschließen läßt.

● Eine bronchiale Provokation, die womöglich einen Asthmaanfall auslösen könnte, ist nicht notwendig, da die Schleimhaut in der Nase genauso reagiert wie die der Bronchien und die Testung in der Nase viel ungefährlicher ist.

Die Behandlung

Wie bei allen Allergien müssen die Auslöser des Asthmas soweit als möglich gemieden werden (Seite 57). Reicht das nicht aus, um die Beschwerden zu verringern, sind gerade bei Asthma zur Vorbeugung und Behandlung zusätzlich Medikamente nötig. Denn unbehandeltes Asthma kann Kinder in lebensbedrohliche Situationen bringen. Hyposensibilisierung (Seite 62) ist bei Asthma bronchiale nur dann sinnvoll, wenn die Be-

Bei Asthma sind Medikamente notwendig

Inhalieren mit Kleinkindern

Die Inhalationsbehandlung ist bei kleinen Kindern oft sehr mühsam. Aber bedenken Sie, daß ohne Therapie die Bronchialschleimhaut durch die ständigen Entzündungen irreparabel geschädigt wird. Dann ist das Asthma kaum noch behandelbar. Schlecht eingestellte Asthma-Kinder leben auch heute noch nicht ungefährlich.

schwerden nicht länger als 5 bis 7 Jahre bestehen und nicht zu viele Allergene beteiligt sind.

Antientzündliche Medikamente

Asthma ist eine entzündliche Erkrankung der Bronchialschleimhaut, ausgelöst durch eine allergische Entzündung oder eine Infektion mit Viren oder Bakterien. Deshalb steht bei der Behandlung mit Medikamenten die antientzündliche Therapie im Vordergrund.

Entzündung der Bronchien verhindern

● Bei Kindern kann Cromoglicinsäure (Seite 66) als Dosieraerosol oder als Lösung zum Inhalieren eingesetzt werden. Es wirkt vorbeugend gegen Entzündungen, senkt die Häufigkeit von Infektasthma-Schüben und kann vor Anstrengungsasthma schützen. Es hilft allerdings nicht bei akuten Astmaanfällen.

● Bei ständigem trockenem Reizhusten hat sich auch der Wirkstoff Nedocromil bewährt.

Kortison zum Inhalieren

In schwieri-
gen Fällen
hilft nur
Kortison

● Sollten diese beiden antient-
zündlichen Medikamente nicht
ausreichen, wird es notwendig,
auf Kortison zurückzugreifen.
Grundsätzliches zur Kortison-
therapie finden Sie auf Seite 66.
● Kortison gibt es als Sprays, Pul-
verinhalatoren oder Inhalations-
lösung zur Vernebelung auch für
kleine Kinder. Wurde vom Arzt
auch ein Betamimetikum (Seite
69) verordnet, sollte es zuvor inhaliert werden. Es erweitert die
Bronchien, so daß sich das Kortison anschließend gut verteilen
kann.
● Bei der Behandlung mit Kortison tritt als Nebenwirkung häufig
Mundsoor auf, also das Wachstum von Hefepilzen auf der
Mundschleimhaut. Das liegt daran, daß beim Inhalieren manchmal größere Substanzteilchen in
der Mundhöhle liegenbleiben.

Inhalieren
will gelernt
sein

Dieser Nebenwirkung können Sie
vorbeugen, wenn Ihr Kind das
Spray immer mit einem sogenannten Spacer inhaliert (Foto
rechts). Das ist ein Ballon, der auf
das Spray gesteckt wird und sich
zwischen Spray und Mund befindet. In diesem Ballon lagern sich
die größeren Teilchen ab, die

kleinen Teilchen, die bis tief in
die Lunge gelangen sollen, werden davon nicht beeinträchtigt.
● Statt einer regelmäßigen hohen
Dosis Kortison kann man auch
versuchen, Kortison mit einem
anderen antizündlichen Medikament wie zum Beispiel Theophyllin (Seite 69) oder dem neueren Mittel Montelukast (als Kau-
tablette) zu kombinieren, um
dadurch das Kortison zu reduzieren.
● Sowohl die Anwendung eines
Inhaliergerätes als auch im Bedarfsfall eines Spacers sollten Sie
sich zu Beginn der Behandlung
genau von Ihrem Arzt/Ihrer Ärztin erklären lassen und dann mit
Ihrem Kind geduldig üben, damit
es gut klappt.
● Nach dem Inhalieren sollte Ihr
Kind immer den Mund mit Wasser ausspülen, um Medikamen-
tenreste zu entfernen. Kleine Kinder, die den Mund noch nicht
ausspülen können, sollten statt
dessen etwas essen oder trinken.

Spacer sind
Inhalations-
hilfen. Sie
erleichtern
das Einat-
men des Me-
dikaments.

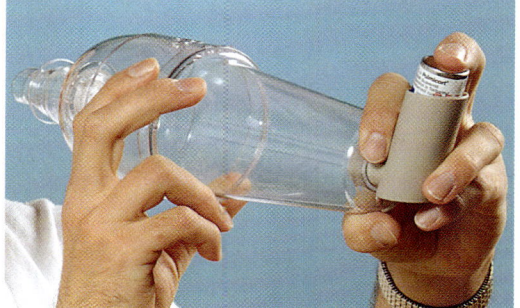

Bronchienerweiternde Mittel bei Atemnot

Die häufigsten Asthmaauslöser sind Allergene, die eingeatmet werden, wie Blütenpollen, Milben und Pilzsporen.

Bronchienerweiternde Mittel beheben innerhalb weniger Minuten die auftretende Atemnot. Besteht weiterhin Atemnot, so reicht die antientzündliche Therapie nicht aus und muß überprüft werden.
● Die bekanntesten Medikamente dieser Gruppe sind die Betamimetika; sie werden inhaliert oder als Tabletten geschluckt, wirken aber nur für wenige Stunden.

● Neuere, länger wirkende Betamimetika sind Formoterol und Salmeterol. Sie sind für die Dauerbehandlung von Kindern ab 4–6 Jahren gedacht.
● Der Wirkstoff Orciprenalin wird inhaliert und erweitert ebenfalls die Bronchien. Es wirkt nicht so schnell und so stark, hat aber kaum Nebenwirkungen.
● Bei schwererem Asthma wird zusätzlich Theophyllin als Kapseln oder Tropfen eingesetzt. Bei diesem Medikament muß die Wirkstoffmenge regelmäßig überprüft werden, damit Ihr Kind nicht zu viel oder zu wenig erhält. Dazu wird der Theophyllin-Spiegel im Blut von Zeit zu Zeit kontrolliert. Es ist ein vielseitiges Medikament, das antiallergisch und bronchienerweiternd wirkt und auch den Schleimtransport fördert.

Sofortige Hilfe bei Atemnot

Besondere Probleme bei Asthma-Kindern

Bei Asthmakindern gibt es oft regelrechte Kämpfe um das ungeliebte Inhalieren. Wichtig ist es, den Grund dafür herauszufinden.
● Hat ein Kleinkind Angst vor dem Inhaliergerät, sollten Sie ihm diese spielerisch nehmen, indem Sie das Kompressorgeräusch des Gerätes als das Brummen eines Autos umdeuten und mit ihm währenddessen spielen.

Inhalieren ist meist unbeliebt

Die Peak-Flow-Messung

Für Asthmatiker gibt es ein kleines Gerät, das dabei hilft, die Erkrankung, ihren Verlauf und mögliche Veränderungen zum Besseren oder Schlechteren objektiv einzuschätzen. Das Peak-Flow-Meter mißt das Luftvolumen beim Ausatmen in Liter/Minute. Der Wert ist ein Maß für die Weite der Bronchien: je höher der Wert, desto besser.

So wird´s gemacht:

1 Zeiger auf Null stellen

2 Im Stehen tief Luft holen

3 Mundstück des Gerätes in den Mund nehmen und einmal kurz und so kräftig wie möglich hineinblasen. Nicht schummeln und aus den Backen pusten!

4 Wert ablesen und merken

5 Punkte 1 bis 4 im Abstand von je 1 Minute zweimal wiederholen und den besten der drei Werte in ein Protokoll eintragen.

Mit Hilfe des Peak-Flow-Meters kann die Wirksamkeit von Medikamenten überprüft werden, denn die Werte sollten sich nach der Einnahme verbessern. Eine deutliche Ver-

schlechterung der Werte kann einen drohenden Asthmaanfall ankündigen, so daß Vorbeugung rechtzeitig möglich ist. Außerdem gibt ein spielerischer Umgang mit der Peak-Flow-Messung dem Kind die Möglichkeit, auch Erfolgserlebnisse zu haben, zum Beispiel wenn sich beim Asthmasport die Werte immer mehr verbessern.

● Wenn größeren Kindern während des Inhalierens langweilig ist, hilft oft Vorlesen oder ein Puzzle, um die Zeit zu überbrücken.

● Kaufen Sie einen lustigen Eierwecker in Tierform. Stellen Sie den Wecker auf 10 Minuten ein, und erklären Sie Ihrem Kind, daß es so lange inhalieren muß, bis der Wecker klingelt.

● Ein größeres Kind kann schon begreifen, daß es erst nach der regelmäßigen Inhalation »angenehmen Tätigkeiten« nachgehen darf.

● Wenn Ihr Kind groß genug ist, um mit einem Dosieraerosol umzugehen, sprechen Sie mit Ihrem Arzt. Es ist sinnvoller, regelmäßig 3mal täglich ein Spray zu benutzen, als nur halbherzig 1- bis 2mal am Tag zu inhalieren.

Eigenverantwortung fördern

Heuschnupfen und Allergischer Schnupfen

Bei allergischem Schnupfen denken die meisten Menschen zuerst an den Heuschnupfen. Heuschnupfen, also die Pollenallergie, tritt nur während bestimmter Monate im Jahr auf, wenn die Pflanzen, gegen die man allergisch ist, gerade Blütezeit haben.

Nicht nur Blütenpollen

Allergischer Schnupfen kann jedoch auch durch andere Allergene hervorgerufen werden, und dann sind oft ganzjährige Beschwerden die Folge.

Die Symptome äußern sich in wäßrigem Fließschnupfen, Niesanfällen sowie verstopfter, juckender Nase, häufig begleitet von Bindehautentzündung der Augen mit Jucken, Rötung und Tränenfluß.

Es kann auch zu Schleimhautschwellungen oder Entzündungen in den Nasennebenhöhlen, Kiefer- und Stirnhöhlen kommen. Manchmal schwillt die

Auch die Augen jucken und tränen

Schleimhaut des Verbindungsgangs zwischen Rachenraum und Mittelohr zu und führt zu einem unangenehmen Tubenkatarrh.

Etwa 18 Prozent aller neun- bis elfjährigen Kinder leiden unter allergischem Schnupfen, Jungen etwas häufiger als Mädchen. Meist ist zusätzlich das Allgemeinbefinden der Kinder beeinträchtigt, denn durch die Beschwerden wird auch der Nachtschlaf gestört.

Die Allergensuche

Die häufigsten Auslöser sind gleichzeitig die häufigsten Allergene: Pollen, Schimmelpilze, Tierhaare, Hausstaubmilben und Nahrungsmittel.

Als Orientierungstest wird meist zunächst ein Pricktest gemacht (Seite 49), noch eindeutiger ist das Ergebnis eines nasalen Provokationstests (Seite 53). Falls eine Hyposensibilisierung geplant ist, sollte unbedingt vorher ein nasaler Provokationstest durchgeführt werden, um nachzuweisen, daß die im Hauttest gefundenen Allergene auch wirklich die Beschwerden an den Atemwegen auslösen.

Mit Tests die Auslöser finden

Die Behandlung

Wurde die Allergie eindeutig festgestellt, ist das Vermeiden der Auslöser immer die erste Maßnahme (Seite 36 und 57). Während der stärksten Pollenflugzeit können zusätzliche Medikamente helfen, die Beschwerden zu mildern.

Bei allergischem Schnupfen ist die Hyposensibilisierung eine sehr geeignete Behandlungsmöglichkeit, vor allem um den bei

Kindern so häufigen »Etagenwechsel« (Seite 15) hin zum allergischen Asthma bronchiale zu
verhindern.

Medikamente, die helfen

● Zur örtlichen Anwendung bei
Heuschnupfen eignen sich Nasenspray und Augentropfen mit
Cromoglicinsäure (Seite 66), die
allerdings nur vorbeugend eingesetzt werden können.

Wenn die Nase läuft, hilft Nasenspray

● Antiallergische Sprays, die bei
Beschwerden eher sofort helfen,
enthalten Wirkstoffe wie Levo-
carbastin oder Nedocromil.

● Neben den aufgezählten Medikamenten zur örtlichen Anwendung gibt es auch Antiallergika
zum Einnehmen mit den Wirk-
stoffen Cetirizin, Loratadin und
Terfenadin (Seite 66).

● Im Notfall werden auch Korti-
sonpräparate (Seite 67) eingesetzt, wobei man damit am Auge
sehr zurückhaltend sein sollte.
Sehr wirkungsvoll bei starkem
Heuschnupfen und speziell bei
Milbenallergie ist ein kortison-
haltiges Nasenspray.

● Zusätzlich können alternative
Behandlungsmethoden wie
Homöopathie (Seite 72) und
Darmsanierung (Seite 72) sehr
hilfreich sein. Entspannungsübungen (Seite 71) und Körper-
therapien (Seite 70) schaffen seelischen Ausgleich.

Gute Erfolge mit Homöopathie

Besondere Probleme

Auch wenn ein Heuschnupfen
nichts Lebensbedrohliches ist,
sind die betroffenen Kinder
während der Pollenflugzeit doch
oft sehr beeinträchtigt. Bei ständigen allergischen Beschwerden
ist meist auch der Nachtschlaf gestört. Schulkinder sind häufig
müde, lustlos und unkonzen-
triert. Greifen Sie deshalb ruhig
auf antiallergische Medikamente
zurück, die auch bei längerer
Gabe keinen Schaden anrichten.

Heuschnupfen betrifft nicht nur die Nase. Kinder werden in dieser Zeit oft lustlos und müde.

Neurodermitis

Die Neurodermitis wird auch atopisches Ekzem genannt und beginnt meist schon im Säuglingsalter. Als erstes Anzeichen zeigt sich Milchschorf auf dem Kopf und an den Wangen des Babys. Nehmen die Beschwerden zu, sind auch Arme und Beine betroffen, bei schweren Formen auch der Rumpf.

Im Kleinkind- und Schulalter konzentriert sich das Ekzem besonders auf die großen Gelenk-

Körperstellen, an denen Neurodermitis bei Kindern am häufigsten auftritt. Bevorzugt sind die Gelenkbeugen.

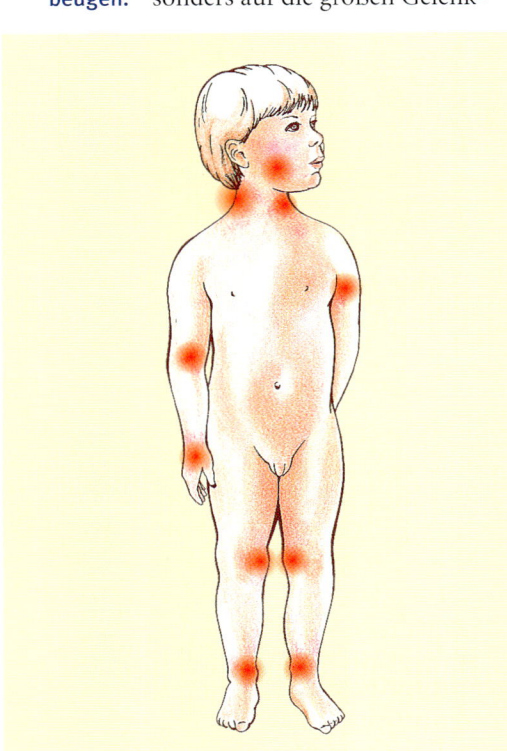

beugen wie Ellenbeugen, Kniekehlen, Handgelenke und Knöchel, aber auch auf Hals und Nacken (Zeichnung unten). Neben Hautrötungen treten kleine Erhebungen (Papeln) auf, die sich rauh anfühlen.

Die Kinder leiden besonders unter dem starken Juckreiz, der dazu führt, daß sie sich die Haut stellenweise völlig aufkratzen. Die Folge sind Infektionen und Entzündungen, die nässen oder mit Krusten belegt sind. In den Gelenkbeugen ist die Haut meist verdickt und zeigt ein vergröbertes Hautfaltenmuster.

Durch Kratzen entzündet sich die Haut

Die Ursachen

Voraussetzung für eine Neurodermitis ist eine ererbte Überempfindlichkeit der Haut. Auslöser für den Ausbruch der Krankheit beziehungsweise für einen akuten Schub können die verschiedensten Allergene sein, etwa Nahrungsmittel, Wasch- und Pflegemittel, Pollen, Milben oder Tierhaare. Auch psychische Faktoren spielen eine Rolle, da bei Streß und Angst auch Histamin freigesetzt wird (Seite 9), das den Juckreiz und die Entzündungen verstärkt.

Kinder mit Neurodermitis leiden außerdem meist unter Störungen des Immunsystems mit stark erhöhter Bildung von IgE und

Psychische Faktoren verstärken den Juckreiz

TIP!

Heilung aus der Natur

Zur Linderung der Hautbeschwerden können Naturheilverfahren bei Neurodermitis sehr hilfreich sein.

● Lichttherapien und Klimakuren (Seite 71) führen meist zu einer echten Verbesserung des Hautzustandes.

● Eine Behandlung mit Homöopathie (Seite 72) erzielt oft gute Erfolge.

● Ebenso führt eine Verbesserung der Darmflora durch Darmsanierung (Seite 72) häufig auch zu einer gesünderen Haut.

● Bei vielen Neurodermitikern ist der Fettsäure-Stoffwechsel gestört. Sie können aus Linolsäure, die in der Nahrung vorkommt, keine Gamma-Linolensäure bilden. Reich an Gamma-Linolensäure sind die Öle aus den Samen von Nachtkerze, Borretsch und schwarzer Johannisbeere. Besser als Kapseln sind für Kinder Salbenzubereitungen geeignet. Die Behandlung zeigt allerdings erst nach 8 bis 12 Wochen Erfolge und wirkt auch nicht bei allen Kindern. Dann geht der Juckreiz deutlich zurück, die Ekzeme klingen ab und die Haut wird meist auch weicher.

● Auch Bittersüßextrakt ist bei Neurodermitis gut geeignet: Er enthält einen entzündungshemmenden und vor allem juckreizstillenden Wirkstoff, eine Art »pflanzliches Kortison«, das aber nicht dessen Nebenwirkungen hat.

Natürliche Öle bessern die Ekzeme

gleichzeitiger Abwehrschwäche der Haut gegen Bakterien, Viren und Pilzerkrankungen. Die Zahl der betroffenen Kinder steigt stetig an. Derzeit leiden etwa 15 Prozent aller Kinder unter einer Neurodermitis. Bei vielen bleibt sie auch nach der Pubertät bestehen. Bei manchen Kindern verschiebt sie sich im Laufe der Zeit von der Haut zu den Atemwegen, und sie bekommen statt dessen Heuschnupfen oder Asthma.

Die Allergensuche

Speziell bei Säuglingen und Kleinkindern sind in etwa der Hälfte der Fälle Nahrungsmittel die Auslöser. Daneben kommen aber auch Hausstaubmilben, Pollen, Schimmelpilze sowie Tierhaare in Frage, die man früher lediglich für Auslöser von Atemwegsallergien gehalten hat. Inhaltsstoffe von Pflegeprodukten, nickelhaltige Gegenstände und

Nahrungsmittel sind häufige Auslöser

Formaldehyd in der Kleidung können ebenfalls Neurodermitis verursachen.

Ein Hauttest zur Bestimmung der Allergene ist nur möglich, wenn die Hautbereiche am Arm oder Rücken frei von Ekzemen und Entzündungen sind (Seite 51). Bei schlechtem Hautzustand sowie bei Säuglingen wird statt dessen ein RAST-Test durchgeführt (Seite 52). Ob bestimmte Inhalationsallergene Hautreaktionen auslösen, kann mit dem Atopie-Patchtest (Seite 52) ermittelt werden.

Hauttests nur auf gesunder Haut

Die Behandlung

Bei Neurodermitis kann es besonders schwierig sein, die Auslöser zu finden, da ererbte Hautprobleme und psychische Ursachen oft die Beschwerden verschlimmern.

Auslöser meiden und die Haut pflegen

Soweit die Auslöser bekannt sind, müssen sie natürlich wo möglich gemieden werden. Zusätzlich sind fettende Spezialsalben und Ölbäder wichtig, damit die Haut heilen und sich erholen kann. Reichen diese Maßnahmen nicht aus, können antiallergische Medikamente und antientzündliche Salben weiterhelfen. Eine Hyposensibilisierung ist bei Neurodermitis nicht zu empfehlen, da sich dabei der Hautzustand eher verschlechtert.

WICHTIG

Wann ist Kortison erlaubt?

Bei starker Neurodermitis ist es manchmal günstig, die Behandlung mit einer kortisonhaltigen Salbe zu beginnen, um die schlimmsten Hautentzündungen erst mal zu »bremsen«. Bei einer Anwendung unter 2 Wochen treten keine Hautschäden auf. Allerdings sollten die Salben nicht großflächig über den ganzen Körper, sondern nur punktuell eingesetzt werden.

Medikamente, die helfen

Eine gute und konsequente Hautpflege trägt wesentlich zur Besserung des Hautzustandes bei. Nachfolgend finden Sie eine Reihe von geeigneten Salben, die örtlich angewendet werden. Zur Linderung des Juckreizes und auch zur Unterstützung der Abheilung von Ekzemherden ist aber auch die Einnahme antiallergischer Tabletten sinnvoll (Seite 65).

● Entzündungshemmende Salben enthalten beispielsweise Wirkstoffe wie Bufexmac oder pflanzliche Phytosterole. Sie haben eine kortisonähnliche Wirkung, sind nicht so stark, haben aber auch nicht die typischen Kortison-Nebenwirkungen.

Kortisonähnliche Salben ohne Nebenwirkungen

● Ein gut wirksames Kortison mit relativ wenig Nebenwirkungen ist Prednicarbat.

● Auch Teerpräparate wirken entzündungshemmend. Sie sollten allerdings nicht während einer Bestrahlungstherapie oder im Sommer aufgetragen werden, da sie lichtsensibilisierend wirken.

● Gut wirksam gegen Juckreiz ist der Wirkstoff Thesit, der in Salbenmixturen eingesetzt wird. Nicht so günstig sind antiallergische Gels, da Gels die Haut auf Dauer austrocknen.

● Harnstoffhaltige Salben wirken leicht juckreizstillend und verbessern das Vermögen der Haut, Feuchtigkeit zu binden, brennen aber auf offenen Hautstellen.

● Ebenfalls juckreizstillend und entzündungshemmend sind gerbstoffhaltige Präparate als Cremes, Bäder oder Umschläge. Fragen Sie in Ihrer Apotheke.

So hübsch ein Schaumbad auch ist: Normale Badezusätze trocknen die Haut zu sehr aus.

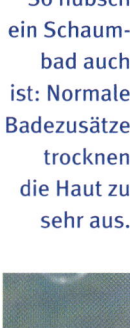

● Bei Neurodermitis ist die Haut meist vermehrt von einer Bakterienart (Staphylokokken) besiedelt, die bei offenen Kratzwunden schnell zu Hautinfektionen führt. Desinfizierend wirken beispielsweise Bäder oder Umschläge denen wenige Tropfen einer einprozentigen Kaliumpermanganatlösung zugesetzt werden. (Das Badewasser darf nur zartrosa gefärbt sein).

Offene Wunden entzünden sich schnell

Besondere Probleme

Viele Kinder mit Neurodermitis wissen, daß sie durch das Kratzen an den Ekzemen die Aufmerksamkeit der Umgebung auf sich ziehen können. Sie setzen es als Druckmittel ein oder drücken dadurch ihre Langeweile aus.

● Ignorieren Sie das Kratzen, lenken Sie Ihr Kind nicht ab, und schimpfen Sie nicht mit ihm. Zeigen Sie ihm statt dessen Ihre Zuwendung immer dann, wenn es sich nicht kratzt – so werden Kratzattacken seltener.

● Cremen Sie Ihr Kind nach einer Kratzattacke ein, beziehungsweise bitten Sie es noch währenddessen, sich selbst einzucremen.

● Lassen Sie Ihr Kind möglichst viel eigenverantwortlich übernehmen, etwa selbst bestimmen, welcher Körperteil zuerst dran ist. Lassen Sie es von klein auf beim Eincremen mithelfen.

Eincremen nach jeder Kratzattacke

Ständige Magen-Darm-Beschwerden

Im Rahmen einer Nahrungsmittelallergie können nicht nur Neurodermitis, Asthma, allergischer Schnupfen oder Hyperaktivität auftreten. Häufig ist auch das unmittelbare Kontaktorgan, der Darm, betroffen.

Symptome dafür sind Durchfälle, Bauchschmerzen, Verstopfung, Blähungen und Bauchkrämpfe. Die bekannten Dreimonatskoliken bei Babys können erste Anzeichen für eine Nahrungsmittel-Allergie sein.

Babys mit entsprechenden Beschwerden gedeihen oft schlecht, sie nehmen nicht genügend an Gewicht zu und sind häufig zu klein für ihr Alter.

Andererseits können Magen-Darm-Beschwerden auch durch viele andere Ursachen, vor allem Darminfektionen, ausgelöst werden. Eine genaue Abklärung der Beschwerden durch den Kinderarzt ist deshalb sehr wichtig.

Besonders häufig sind Nahrungsmittelallergien im Säuglings- und frühen Kleinkindesalter: Etwa 2 bis 4 Prozent aller Kinder unter zwei Jahren haben eine Kuhmilchallergie, weil sie zu früh mit für sie unverdaulichem Eiweiß in Berührung gekommen sind (Seite 23). Diese klingt mit zunehmendem Lebensalter oft ab, so daß im Alter von 5 Jahren etwa 85 Prozent der Kuhmilch-allergischen Kinder wieder beschwerdefrei sind.

Die Allergensuche

Eine Zusammenstellung der häufigsten Auslöser von Nahrungsmittelallergien finden Sie auf Seite 61. Wie Sie bei Ihrem Baby von Geburt an gegen Nahrungsmittelallergien vorbeugen können, erfahren Sie im Kapitel »Kinder vor Allergien schützen« ab Seite 19.

Ein Hauttest gibt Aufschluß über die Art der Allergene, am besten wird er mit natürlichen Nahrungsmitteln durchgeführt (Seite 49). Bei Säuglingen wird in der

Das Kontaktorgan für Nahrungsallergene

Fragen Sie zuerst Ihren Kinderarzt

Wenn Ihr Baby häufig Verdauungsprobleme und Bauchschmerzen hat, könnte eine Nahrungsmittelallergie dahinterstecken.

Regel statt dessen ein RAST-Test (Seite 52) gemacht, da sie für andere Allergietests noch zu klein wären. Bei Nahrungsmittelallergie ist auch ein Provokationstest (Seite 53) möglich, doch dürfen keinesfalls Nahrungsmittel verwendet werden, die bekanntermaßen schwere allergische Reaktionen verursachen.

Die Behandlung

Wurden tatsächlich bestimmte Nahrungsmittel als Auslöser für die Magen-Darm-Beschwerden festgestellt, müssen Sie diese in der Ernährung Ihres Kindes konsequent vermeiden, denn auch kleine Mengen des Allergens können unter Umständen heftige Reaktionen verursachen.

Gesund essen ohne Allergene

Tips und Hilfen für die tägliche Ernährung finden Sie im Absatz »Gesund essen ohne Allergene« (Seite 59). Eine Hyposensibilisierung ist bei Nahrungsmittelallergie nicht erfolgversprechend.

Medikamente, die helfen

Die hauptsächliche Behandlung liegt natürlich in der Einhaltung einer Diät, die die allergenen Nahrungsmittel ausspart.
● Gerade bei Kindern kann zusätzlich das antiallergische Medikament Cromoglicinsäure (Seite 69) als Kapsel oder als lösliches Trinkpulver jeweils vor den Mahlzeiten hilfreich sein. Sie müssen es allerdings eine Weile anwenden, bevor Sie den Erfolg sehen. Andere antiallergische Mittel zum Einnehmen sind ebenfalls geeignet (Seite 65).
● Als zusätzliche Maßnahme ist auch eine Darmsanierung (Seite 72) empfehlenswert.
Eine Nahrungsmittelallergie kann unter Umständen zu heftigen Reaktionen bis zum Notfall führen. Lassen Sie sich von Ihrem Arzt Medikamente für ein Notfallset zusammenstellen (Kasten auf Seite 69)

Heftige Reaktionen sind möglich

Besondere Probleme

● Bitte führen Sie keine sogenannten Weglaß-Diäten in eigener Regie durch! Kinder im Wachstum brauchen eine ausgewogene Ernährung, sonst kann es schnell zu Mangelzuständen kommen.
● Wenn die Allergie gesichert ist, lassen Sie sich unbedingt von Ihrem Arzt oder der Krankenkasse eine Ernährungsberaterin empfehlen, die Sie beim Zusammenstellen der Speisepläne unterstützt.
● Während einer Diät sollten Sie Ihr Kind regelmäßig einmal in der Woche wiegen, damit Sie eine Gewichtsabnahme durch falsche Ernährung rasch bemerken.

Eine Ernährungsberaterin hilft beim Speiseplan

Zum Nachschlagen

Adressen, die weiterhelfen

Deutschland

Telefonische Pollenflug-
vorhersage:
0190 / 11 54 80

Allergie- und umweltkrankes
Kind, Bundesverband
Westerholter Str. 142
45892 Gelsenkirchen

Allergiker-Selbsthilfe
Hermann-Löns-Weg 11a
65779 Kelkheim

Arbeitsgemeinschaft Allergiekrankes Kind (Hilfe für
Kinder mit Asthma, Ekzem
oder Heuschnupfen)
Nassaustr. 32
35745 Herborn

Arbeitskreis überaktives Kind
Dieterichstr. 9
30159 Hannover

Arbeitsgemeinschaft Asthma-
schulung im Kindes- und
Jugendalter, Kinderhospital
Osnabrück
Ihburger Str. 187
49082 Osnabrück

Bundesverband Neuroder-
mitiskranker in Deutschland
Postfach 1165
56135 Boppard

Deutsche Hilfsorganisation
Allergie und Asthma
Dorotheenstr. 174
22299 Hamburg

Deutsche Haut- und
Allergiehilfe
Fontanestr. 14
53173 Bonn

Deutscher Allergie- und
Asthmabund
Hindenburgstr. 110
41061 Mönchengladbach

Deutscher Neurodermitiker-
Bund
Spaldingstr. 210
20097 Hamburg

Dokumentations- und
Informationsstelle für
Allergiefragen im Kindesalter,
Akademie für Kinderheil-
kunde und Jugendmedizin
Ihburger Str. 200
49082 Osnabrück

Forschungsinstitut für
Kinderernährung
Heinstück 11
44225 Dortmund

La Leche Liga Deutschland
Stillberatung
Postfach 65 00 96
81214 München

Österreich

Telefonische Pollenflugvorher-
sage: 0222 / 40 400-33 09

Lungenunion – Selbsthilfegruppe Asthma, Bronchitis,
Allergie
Obere Augartenstr. 26–28
1020 Wien

Selbsthilfegruppe für Neuro-
dermitis/ Atopisches Ekzem
Kegelgasse 34–38, 1/20
1030 Wien

La Leche Liga Österreich
Stillberatung
Flurweg 3
2602 Blumau/Neurißhof

Schweiz

Telefonische Pollenflug-
vorhersage:
157 12 62 15

Das Band – Selbsthilfe für
Asthmatiker
Gryphenhübeliweg 40
3006 Bern

Schweizerische
Elternvereinigung allergie-
und asthmakranker Kinder
Schaufelgrabenweg 28
3033 Wohlen

La Leche Liga Schweiz
Stillberatung
Postfach 1097
8053 Zürich

Bücher, die weiterhelfen

Bigler-Münichsdorfer, Hedwig, u.a.: *Wohnen & Wohlfühlen – Schadstoffe erkennen und vermeiden,* Umweltinstitut München.

Calatin, Anne: *Kursbuch Eltern – Das hyperaktive Kind,* Heyne Verlag.

Deilmann, Franz: *Neurodermitis – Therapien und Diäten;* Bastei-Verlag.

Katalyse e.V.: *Zimmerluft – Dicke Luft. Schadstoffe in Innenräumen und was man dagegen tun kann,* Verlag Kiepenheuer & Witsch.

Lukas, Elisabeth: *Auch Dein Leiden hat Sinn,* Herder Verlag.

Nestlé Wissenschaftlicher Dienst: *Allergenarmes Kochen – Rezepte für Säuglinge und Kleinkinder mit Nahrungsmittelallergie* (erhältlich in Apotheken).

Paul, Karl P.: *Asthma bei Kindern – Informationen für Eltern und Kinder,* Springer Verlag.

Petermann, Franz, Walter, Hans J., u.a.: *Asthma-Verhaltenstraining bei Kindern und Jugendlichen,* MMV-Verlag.

Pliske, Anja, Riemann-Lorenz, Karin, Simeit, Rainer: *Neurodermitis bei Kindern – Ein Informations- und Arbeitsbuch für Eltern und Kinder,* Spektrum Akademischer Verlag.

Szczepanski, Rüdiger, Schon, Marion, Lob-Corzilius, Thomas: *Das juckt uns nicht! Ein Lern- und Lesebuch für Kinder mit Neurodermitis und ihre Eltern,* Trias Verlag.

Theil, Eckart, Fuhrmann, Winfriede, Spindel, Gabriele: *Asthma, Ekzem, Nahrungsmittelallergie – Ein Ratgeber für Kinder und Eltern,* Gustav Fischer Verlag.

Theiling, Stephan, Szczepanski, Rüdiger, Lob-Corzilius, Thomas: *Der Luftikurs für Kinder mit Asthma – Ein fröhliches Lern- und Lesebuch für Kinder und Eltern,* Trias-Verlag.

Thiel, Claudia, Ilies, Angelika: *Richtig essen bei Nahrungsmittelallergien,* Falken Verlag.

Bücher aus dem Gräfe und Unzer Verlag

Andreae, Ingke, u.a.: *Kinder, Kinder – Der etwas andere Ratgeber. Ernährung, Pflege und Krankheiten.*

v. Cramm, Dagmar, Schmidt, Eberhard: *Unser Baby – Das erste Jahr.*

Elmadfa, Ibrahim, Muskat, Erich, Fritzsche, Doris: *GU-Kompaß E-Nummern.*

Flade, Sigrid: *Allergien natürlich behandeln.*

Flade, Sigrid: *Nahrungsmittelallergie natürlich behandeln.*

Flade, Sigrid: *Neurodermitis natürlich behandeln.*

Ilies, Angelika, Kraske, Eva-Maria: *Candida – richtig essen bei Pilzinfektionen*

Johnen, Wilhelm: *Muskelentspannung nach Jacobson.*

Keudel, Helmut: *Großer GU-Ratgeber Kinderkrankheiten.*

Koneberg, Ludwig, Förder, Gabriele: *Kinesiologie für Kinder.*

Kraske, Eva-Maria: *Candida – natürliche Hilfe bei Darmpilzen.*

Langen, Dietrich: *Autogenes Training.*

Rosival, Vera: *Hyperaktivität natürlich behandeln.*

Schmidt, Sigrid: *Gut drauf in der Schule – mit Bach-Blüten und Homöopathie.*

Stumpf, Werner: *Homöopathie für Kinder.*

Uhlemayr, Ursula: *Wickel & Co. – Bewährte Hausmittel neu entdeckt.*

Voormann, Christina, Dandekar, Govin: *Babymassage.*

Sachregister

Wichtiger Hinweis

Dieser Ratgeber richtet sich an die Eltern allergiekranker Kinder. Dargestellt sind die Ursachen, Verlaufsformen und Behandlungsmöglichkeiten von allergischen Erkrankungen im Kindesalter. Soweit in diesem Buch Anwendungen und Dosierungen genannt werden, hat die Autorin größtmögliche Sorgfalt walten lassen. Die Informationen aus diesem Ratgeber können jedoch keinesfalls eine ärztliche Behandlung ersetzen. Die auf die Bedürfnisse Ihres Kindes individuell abgestimmte Therapie einschießlich des Einsatzes von Medikamenten kann nur Ihr behandelnder Arzt/Ihre Ärztin festlegen..

Impressum

© 1999 Gräfe und Unzer Verlag GmbH, München

Alle Rechte vorbehalten. Nachdruck, auch auszugsweise, sowie Verbreitung durch Film, Funk und Fernsehen, durch fotomechanische Wiedergabe, Tonträger und Datenverarbeitungssysteme jeder Art nur mit schriftlicher Genehmigung des Verlages.

Redaktion
Reinhard Brendli
Lektorat
Corinna Gieseler und
Adriane Andreas
Bildredaktion
Christine Majcen-Kohl
Umschlaggestaltung
independent Medien-Design
Innenlayout
Heinz Kraxenberger
Produktion
Ina Hochbach
Satz
Verlagsservice Pfeifer/ EDV-Fotosatz Huber, Germering
Lithos
Fotolito Longo, Bozen
Druck
Appl, Wemding
Bindung
Sellier, Freising

Bildnachweis
Allergopharma: S. 46 li.
Asta Medica: S. 75, 83
Bavaria: vordere Umschlagseite; S. 4 (Stock Image); 28, 89 (TCL); 59 (FPG); 73 (Photo Shot)
Eye of Science: S. 35 (Meckes)
IFA-Bilderteam: S. 14 (Koch); 2, 18 (Alexandre); 23 (Nacivet); 45 (Diaf); 52 (Marc); 82 (Digul)
Ketchum PR: S. 27 re.
Mauritius: S. 2, 6 (Thonig); 8 (Phototake); 30 (Leblond); 43 (Cash); 3, 54 (Taypan); 65 (Kaiser); 71, hintere Umschlagseite (Bayer); 85 (Viktoria)
Milupa: S. 26
Michael Nischke: S. 70
Anna Peisl: S. 16, 90
Sigrid Reinichs: S. 20
Norbert Schäfer: S. 32, 40
Martin Scharf: S. 9, 11, 36, 39, 50, 68, 79
Studio Schmitz (Kai Stiepel): S. 4, 27 li., 56, 60, 61
Techniker Krankenkasse: S. 48
Tomek: S. 86
Isabella Valdivieso: S. 46 re., 81
Alexander Walter: S. 63
ZEFA: S. 74 (Dodge), 76 (Wartenberg)

ISBN 3-7742-3388-8

Auflage	5.	4.	3.	2.	1.
Jahr	03	02	01	00	99